NUEVO

MANUAL DEL

BUEN TERRORISTA

R. García Damborenea

MANUAL
DEL BUEN
TERRORISTA

EL ARTE DE CONFUNDIR
A LOS DEMÓCRATAS
HASTA DONDE SE DEJEN

Ediciones Uso de Razón

Diseño de la portada y edición: Alejandro García Santibáñez.

Esta es una versión corregida y puesta al día de la publicada en 1987 por el semanario «Cambio 16».

Ediciones Uso de Razón, 2013

ISBN: 1491247649

ISBN-13: 978-1491247648

Depósito legal: BU 245-2013

Difficile est satiram non scribere. Juvenal.[1]

Hay que aprender a manejar las armas del adversario pero con el debido asco. Gómez Dávila.[2]

---

1 «Sátiras», I, 29.
2 «Acotaciones a un texto implícito», página 1181.

TABLA DE CONTENIDOS

Aclaración necesaria

Aclaración necesaria

Sabido es que las dictaduras no crían terroristas por la misma razón que los calvos no tienen piojos: falta el ambiente. Es preciso que exista pelo y libertad para que puedan quedarse y proliferar unos y otros. No es un problema que se resuelva con más higiene. Cuando los parásitos forman parte del ecosistema, no hay muchacho que pueda considerarse a salvo de contagios, por aseado que pretenda conservarse –salvo que se afeite la cabeza– ni democracia inmunizada, salvo que renuncie a serlo.

Esto es lo que hay: Los terroristas, siendo enemigos de la libertad, viven a expensas del régimen democrático, que les facilita el clima idóneo para multiplicar su capacidad de acoso. Los terroristas y sus cómplices disfrutan, como todos los ciudadanos, de libertad de tránsito, de palabra, de prensa y de propaganda. Pueden desplazarse sin barreras, movilizar a sus simpatizantes, contar con el eco publicitario de los medios de comunicación de masas, etcétera. Se amparan en la legislación democrática en la protección de los derechos individuales, en las garantías procesales, la inviolabilidad del domicilio, el respeto a la intimidad, la presunción de inocencia, la elección de abogado... En una palabra: a la manera de un parásito, explotan las ventajas que ofrece el sistema para actuar contra el propio sistema. Rechazan las «reglas de juego», pero las utilizan en su beneficio. Se cuelan con facilidad por las amplias mallas legales diseñadas desde el respeto a la libertad de los ciudadanos... para atentar más desenvuelta, más impunemente, contra los mismos derechos y libertades bajo los que se guarecen.

En las páginas que siguen se analizan las principales técnicas que aplican los profesionales del terror para extraer el máximo beneficio de las oportunidades que los regímenes democráticos les ofrecen. Está escrito desde la convicción de que cuanto mejor conozca la gente cómo manipulan los terroristas la opinión pública, más difícil será que logren sus objetivos.

Por razones de claridad he preferido adoptar la posición de los asesinos y exponer las cuestiones a la manera de un curso teórico para principiantes.

Hay también un colofón, en el que nos despedimos.

Hago mías las palabras de don Quijote (I, 50):

«No, sino léalo vuesa merced y verá el gusto que saca de su belleza».

El primer paso

Todos los terrorismos son iguales en lo sustancial aunque se diferencien en aspectos accidentales (el credo que enarbolan, la lengua que hablan, la tierra que pisan, la ropa que visten). Todos asesinan desde la sombra con los mismos métodos y cultivan la misma intolerancia. Osama Bin Laden, Nechayev y Josu Ternera son almas gemelas. Varían sus objetivos, no sus móviles, su fanatismo o sus procedimientos.

Por eso, el libro que tienes en la mano se divide en tres secciones, que corresponden a las tres armas principales de la acción directa:

> la causa,
> la eficacia
> y la moral.

En el primero, resaltamos la preeminencia de la ideología sobre la técnica. El segundo versa sobre las condiciones que exige un trabajo bien hecho. En el tercero se expone la panoplia argumental que emplea el terrorismo para defender sus posiciones en el terreno de la moral.

El arma número 1: la causa

El arma número 1: la causa

I. Una razón que alegar

Cuando mates por primera vez, los ciudadanos querrán saber el motivo. Más allá del horror o del miedo, les consumirá la incertidumbre, la inaguantable necesidad de saber y entender. Por eso, su primera pregunta no será ¿quién? o ¿cómo?, sino: ¿POR QUÉ?

Te conviene estar en condiciones de responder correctamente. Puedes despreciar la vida ajena, pero has de disponer siempre de un pretexto para tus ejecuciones. Como señalaba Raskolnikov, aquel héroe de Dostoievski, al referirse a los hombres superiores que actúan movidos por un afán renovador:

> *«Si, para realizar su ideal, les es preciso derramar sangre y pasar por encima de los cadáveres de los que constituyen un obstáculo, pueden hacerlo con plena conciencia de sus actos, SIEMPRE QUE SEA EN BENEFICIO DE UN IDEAL, no con otro fin, repare en esto.»*

Repara en esto. Porque, aunque parezca que pasas por encima de cadáveres, debe quedar claro que no combates a los hombres, sino al mal. Tú, como los terroristas de Camus, no asesinas individuos, sino opresión, corrupciones, injusticias:

> *«Arrojé la bomba contra la tiranía, no contra un hombre.»*[3]

No faltará quien responda que fue el hombre quien recibió la bomba y no le sentó nada bien, pero no pretendas esperar comprensión de tus enemigos. No lo olvides nunca, porque esta es una cuestión principal. Así lo han reconocido todos los maestros:

> *«Ya sabéis lo que pienso de la violencia. Para mí es perfectamente moral, más moral que el compromiso y la transacción. Pero para que tenga en sí misma la justificante de su alta moralidad, es preciso que esté siempre guiada por una idea, nunca por un bajo cálculo o mezquino interés.»*[4]

Así hablaba Mussolini, que fue en todo momento consciente de lo importante que es disponer de una idea legitimadora para rechazar la transacción, para cultivar la sana, santa intransigencia. Por la misma razón señaló ETA desde muy temprano:

> *«Para destruir al enemigo, la Guerra Revolucionaria se hace con un arma terrible: un IDEAL.»*[5]

Lo había dicho antes José Antonio Primo de Rivera:

> *«La violencia puede ser lícita cuando se emplea por un ideal que la justifique.»*[6]

---

3 «Los justos».

4 Mussolini: Discurso del 22 de junio de 1925: «Intransigencia absoluta».

5 Garmendia, J. M.: «Historia de ETA» I, 1, *La estrategia de la guerra revolucionaria.*

José Antonio Ardanza, que fue presidente (lehendakari) del País Vasco era de la misma opinión:

> «*No puede equipararse ETA a un terrorismo convencional [...] esta violencia no es terrorismo clásico, asesino, sino que tiene componentes ideológicos importantes.*»[7]

No sé a qué llamaba «terrorismo clásico asesino». Todos los terroristas de la historia se han movido por un ideal. Algunos, como indica el manual de Al Qaeda, se someten a los deseos del Todopoderoso.

> «*Los jóvenes vienen a prepararse para la Yihad, comandados por la orden de Alá en el Corán [VIII, 60]: "Preparad contra ellos toda la fuerza, toda la caballería que podáis para aterrorizar al enemigo de Dios y vuestro y a otros fuera de ellos, que no conocéis pero que Dios conoce".*»[8]

Tendremos ocasión de comprobar que no queda nada por inventar. Los problemas que tú descubres hoy, están planteados y resueltos hace siglos.

Todos cuantos han recorrido con éxito la senda redentora, supieron apreciar la importancia de esta regla. Por eso la vamos a poner aquí debajo, para que nunca la olvides:

---

6 «Puntos de la Falange», número IX.
7 «El Correo Español», 23-12-1984.
8 «Manual de entrenamiento de Al Qaeda», 9.

De otra manera, ni la sociedad más permisiva consentirá tu actividad. Serás descalificado, bien por razones psiquiátricas –como desequilibrado–, bien por razones legales –como criminal de derecho común–. En ambos casos, tu derrota es segura: aunque pretendas ofrecerte como salvador, serás considerado enemigo público. Nadie podrá otorgarte una razón que no hayas sabido esgrimir; contemplarás inerme el apoyo unánime de la sociedad a cualquier medida del gobierno que acelere el final de tu carrera.

> *«Sólo los criminales se atreven hoy día a hacer daño a los demás hombres sin filosofar.»*[9]

II. Una razón compartida

¿Cuál será tu causa? No sirve cualquier excusa. Tienes que escoger razones que la sociedad (al menos una parte de ella) comprenda, apruebe y, sobre todo, comparta. Porque necesitarás el máximo apoyo posible. Aunque la eficacia de la violencia no depende del número de los ejecutantes –un hombre con un mando a distancia puede masacrar centenares de personas–, el terrorista solitario tiene el mismo futuro que una abeja sin enjambre.

Si no puedes lograr que algún espectador se ponga de tu parte, es mejor que lo dejes. Precisamente, nuestro segundo canon dice:

---

9 Musil, Robert: «El hombre sin atributos» I, 48.

Lo cual exige el respeto a unas reglas. No pretendas atraer multitudes con motivos ajenos a sus intereses. Tendrás que estudiar bien las sensibilidades que floten en el ambiente. Hay cosas que gustan a todos los públicos: la nobleza, la generosidad, el sacrificio... Ya lo dice ETA:

> *«En toda guerra revolucionaria hay una llama ideológica (romántica, novelesca o sentimental) que incita a la población a sostener y ayudar al comando guerrillero o terrorista, a quien considera algo así como el exponente de sus aspiraciones.»*[10]

Este es el tipo de gestos que la gente aprecia. Ese aire de moderno Robin Hood que desafía la ley con la elasticidad de un windsurfista y la determinación de un apóstol; ese afán propio de quien se consume ante la insuficiencia de los procedimientos democráticos para corregir los flagrantes abusos de los poderosos. Las Brigadas Rojas en Italia, el IRA irlandés, ETA en España, Sendero Luminoso en el Perú, el PKK en Turquía, y el Hamás palestino, han utilizado mucho este espejuelo al que la opinión pública juvenil se muestra tan sensible. Para que recuerdes esta aura de caballero andante que debe adornar tus actuaciones, lo señalaremos en el siguiente:

---

10 Garmendia, J. M.: Ídem.

Los motivos

Es conveniente, pues, que tu impulso parezca elevado. Define cuanto antes en nombre de qué alta pretensión derramarás la sangre ajena.

Tradicionalmente, es decir, desde los sicarios del tiempo de Jesucristo hasta los yihadistas de hoy, han predominado los grandes credos dogmáticos: religiosos, marxistas y nacionalistas. Desde ellos se suele escoger la Libertad, la Justicia, la Ecología y, en general, cualquier valor superior que esté siendo vilipendiado. Son de gran efecto también la Igualdad, la Amnistía, la Fraternidad, la Liberación de la Patria, el Derecho de Autodeterminación y otros similares. Cualquiera de ellos puede servir para enunciar tus motivaciones oficiales y cubrir el expediente. No será difícil buscar en tu derredor motivos que reclamen tu adhesión, causas a las que servir, derechos que levantar.

En cualquier caso, engalana tu vereda con alegrías; límpiala de abrojos y de espinas. Adereza esperanzas, ensoñaciones y quimeras para que sea el tuyo un sendero luminoso y puedan todos entender que, cuando ejecutas mortales, no lo haces por gusto, sino impulsado por un ideal que te hace ver en cada víctima un hermano al que podrías decir siguiendo el Kempis:

«Tu vida es nuestro sendero.»

Porque han de saber todos que siegas las vidas con dolor, obligado por unas circunstancias que han creado otros, sin más ánimo que el de erigirte en brazo ejecutor de una justicia que la humanidad reclama, y sin otra razón que el abnegado sometimiento a un durísimo deber impuesto por la coherencia con tus principios.

Tu afán dará sentido y valor a la matanza. Merced a tu intervención no serán muertes estériles las que ejecutes, sino sangre fecunda que fragüe la argamasa de la libertad. La sociedad lo entenderá. Incluso quienes no lo compartan, lo entenderán. Todo el mundo entiende la fuerza de una yihad, de un imperativo moral. No hace falta ser musulmán para comprenderlo, y a ti te basta con que lo comprendan.

Sin embargo, conviene aspirar a más. No puedes conformarte con despertar simpatías, porque pueden ser pocas. Debes cosechar nuevas voluntades aprovechando todos aquellos intereses públicos o privados que puedan coincidir, sea tangencial o paralelamente, con tu causa, sin pararte en absurdas consideraciones sobre la pureza de su intención. Bien está la simpatía e, incluso, la admiración, pero hallarás apoyos más sólidos y numerosos si no cierras la puerta a estímulos menos altruistas. Muchos ciudadanos se pueden alinear en tu bando, sin necesidad de simpatía, siempre y cuando seas capaz de ofrecerles el cauce para dar curso a sus odios –sean los que fueren–, proteger sus intereses materiales, auxiliar sus conveniencias políticas, alimentar su esnobismo intelectual o, simplemente, disfrutar la oportunidad de exhibir una intolerancia reprimida que estaba esperando la ocasión de manifestarse.

Hace unos años, el profeta de la negritud, el inspirador de los «Panteras Negras» norteamericanos, Malcom X, reclamaba la reparación de la deuda contraída con los negros ¡en el siglo XVI! ¿Crees que lo descalificaron como si estuviera loco? No, señor. Alcanzó un eco extraordinario y obtuvo enormes apoyos, porque estaba hurgando en la herida secular de la mitología del negro norteamericano y removiendo la mala conciencia del blanco. Así es que muy pocos se atrevieron a reprocharle las barbaridades de los «Panteras», porque muy pocos se consideraban limpios y con derecho a tirar la primera piedra.

Otros muchos te apoyarán por la misma razón por la que se hacen socios de Unicef: para que alguien se ocupe de las cosas que afean el mundo contemporáneo, o lo que es lo mismo, porque ofreces la oportunidad de descargar su mala conciencia a quienes «comprenden el problema» pero no están por la labor. Dejemos todo esto recogido en el canon siguiente:

CANON IV: TODAS LAS RAZONES SON EXCELENTES RAZONES

Trata de comprender que tu futuro depende de que logres, o no, ganarte la simpatía de un grupo de ciudadanos honrados. Los hay. Nunca falta un descontento, una cólera reprimida o un odio que compartir, por no mencionar la sentencia salomónica sobre el número de los tontos. Con ello y el silencio del resto tienes suficiente.

Es algo diferente el caso de los seguidores de Mahoma, por dos razones. La primera, que no han de inventar nada puesto que heredan la causa.

> *«Somos terroristas, sí, somos terroristas porque es nuestra fe. Escuche este versículo del Corán: "Debes preparar cuanto esté a tu alcance, por lo que se refiere a poder y caballos, para aterrorizar a los enemigos de Alá".»*[11]

> *«¡Oh, creyentes! ¡Sed las ayudas de Dios!» Corán, LXI, 14.*

La segunda, que su odio no es personal ni precisa estar asociado a los agravios. Forma parte de su doctrina:

> *«El odio a los cristianos debe ser profundo, sincero y proceder del corazón. No bastan las meras hipócritas manifestaciones carentes de un sentimiento hondo [...] El sentido auténtico de la doctrina «wala bara'wa» (amor y odio) no es otro que el de amar a los correligionarios de fe y odiar, de acuerdo con lo prescrito en el Corán, a los infieles.»*

Esto lo proclama Abdullah Badr, un licenciado de la Universidad Al Azhar y profesor de exégesis del islam.[12]

---

11 Abu Mahaz, activista palestino en declaraciones a la CNN. Diario «El País», 4 de noviembre de 2001.
12 Toda la prensa del 23 de mayo de 2013, tras el atentado de Londres.

La tercera, que cada terrorista trabaja, además, en su propio beneficio.

> «*Dios ama a los que combaten en orden en su senda.*» *Corán LXI, 4.*

> «*¡Oh, creyentes! Si asistís a Dios en su guerra contra los malvados, el también asistirá y dará firmeza a vuestros pasos.*» *Corán, XLVII, 8.*

Lo cual no significa que renuncien a los motivos altruistas a los que yo me he referido. En esto no hay diferencias:

> «*La única razón por la que lo hemos hecho es porque hay musulmanes muriendo cada día. Este soldado británico es el ojo por ojo y el diente por diente.*»

Lo decía el terrorista que decapitó a un soldado en Woolwich (Londres) en mayo de 2013.

Los comprensivos

Es muy importante que cultives un núcleo de opinión intelectual que defienda tu causa y reconozca que tienes motivos; que las cosas no ocurren porque sí; que no es inteligente, ni elegante, ni progresista, descalificarte; que tienes tu parte de razón; que las responsabilidades están repartidas; que lo democrático es corregir las causas, aunque se remonten a la partición de la herencia de Noé... etcétera.

En Italia, las «Brigadas Rojas» encontraron su principal apoyo en la mala conciencia de los denominados «intelectuales marxistas», para quienes los brigadistas eran «unos locos, unos camaradas equivocados»; pero ¿cómo condenarlos?, ¿cómo darle la razón a la otra parte?, ¿cómo rehusar guardar armas en un piso o alojar a un camarada que se deja caer por Roma? [13]

¿Qué hubiera sido de las guerrillas sudamericanas sin el calor de los «teólogos de la liberación», el cobijo de las parroquias, los sermones dominicales o la «Iglesia Popular»?

Así hablaba un sacerdote de la guerrilla del Frente Farabundo Martí:

> *«En principio apoyaba la lucha no violenta... pero después vimos la necesidad de apoyar las organizaciones populares... tras una profunda reflexión en las comunidades cristianas de base... Respecto al cristianismo, no tenemos ningún problema [con la guerrilla],... entienden que la religión es el esquema interpretativo del pueblo... no se puede hacer la revolución sin tomar en cuenta ese esquema interpretativo.»* [14]

¿Qué hubiera sido del IRA sin los católicos irlandeses, o del UVF sin los protestantes? ¿Qué sería del yihadismo sin el apostolado de los catedráticos más exaltados y de los clérigos más encendidos?

---

13 Padovani, Marcelle: «Vivir con el terrorismo».
14 Diario «Egin», 27-1-86.

«La mayoría de los musulmanes podría estar de acuerdo con el atacante de Woolwich.»[15]

Es indispensable que, desde las filas de la gente respetable, se alcen voces que comprendan tu actitud y la justifiquen en razón de situaciones abusivas, deudas insatisfechas o polvaredas históricas. Gentes que lamenten tus métodos como equivocados, pero que te comprendan. Que no duden de tu buena fe, que la defiendan, que compartan tus objetivos y estén dispuestas a salir a la calle en defensa de las mismas causas que tú reivindicas.

Decía el dirigente del PNV Javier Arzallus a Hans Magnus Enzensberger sobre ETA:

«No me pida que condene moralmente a sus partidarios. Su impaciencia ante las palabras incumplidas, la tortura, la represión sucia por parte del Gobierno, es comprensible.»[16]

Las mentes comprensivas siembran comprensión. Logran que las buenas gentes, aunque no compartan tu conducta, la comprendan, es decir, comprendan que no te faltan motivos, comprendan que tienes razón, comprendan que no eres el único culpable, y, lo que más importa: comprendan que criticarte puede ser

---

15 Anjem Choudary, exlíder de la organización radical Al Muhajiroun y fundador de Islam4UK, en declaraciones a la BBC.

16 Diario «El País», 24-11-85. Con posterioridad, J. Arzallus desautorizó la interpretación que el escritor había dado a sus palabras.

muy injusto, porque la defensa del credo común actúa como un atenuante.

¡Y es verdad! Métetelo en la cabeza. El credo te justifica.

> *«Cuando la importancia de cada persona se infla detrás del signo nacionalista, más de un canalla puede hacerse la ilusión de ser menos canalla porque puede calificarse a sí mismo de canalla alemán.»*[17]

¡Esto es oro puro! Ya lo comprobarás cuando nos ocupemos de la moral.

En resumen, que te llamen equivocado, loco, descarriado o contraproducente, pero que te comprendan. Como Blas Piñar comprendía a los que, «llevados de su patriotismo y de su fervorosa y entusiasta adhesión a Francisco Franco», sembraron el terror en España, en nombre de Cristo Rey en los años setenta.

Para sobrevivir en el mundo de la intolerancia no importa lo que hagas, sino el acierto con que definas tus excusas, de manera que alguien, en cualquier momento, pueda defender, compartir o, simplemente, entender tu razón. Quienes comprenden renuncian a juzgar.

Así, pues:

---

17 Mann, Thomas: «Consideraciones de un apolítico», *Contra la razón y la verdad.*

Las dos facciones

Lo ideal sería que pudieras contar con un grupo «moderado», porque, como ocurre entre las facciones «extremista» y «templada» de cualquier nacionalismo, se produce una simbiosis eficientísima: la parte «tibia» incrementa su capacidad contractual gracias al alboroto de los «radicales»; y estos ven sostenidas y legitimadas las reivindicaciones comunes desde el verbo lacrimoso de la parte «moderada».[18]

Como decía un dirigente del nacionalismo vasco:

> «*Unos sacuden el árbol y otros recogen las nueces.*»

ETA comparte doctrina y objetivos con el nacionalismo (presuntamente moderado) del PNV, del mismo modo que el radicalismo musulmán comparte credo y objetivos con los más pacíficos de los creyentes.

Esta división surge espontáneamente en los grandes credos dogmáticos, como son el nacionalismo, el marxismo o cualquier religión, tanto más cuanto menos se puedan reformar. Por eso es más frecuente en la inamovible doctrina de Mahoma y menos en el catolicismo, donde un representante de Dios en la tierra marca el rumbo de la doctrina. Al nacionalismo

---

18 Bobbio, Norberto y Mateucci, Nicola: «Diccionario de Política», *Violencia*, III.

vasco le pasa como a los musulmanes porque, a diferencia de otros nacionalismos, disfruta de un fundador doctrinario cuyo credo es intocable.

El caso es que cualquier dogma propicia la aparición de radicales impacientes que menosprecian la tibieza de los moderados. Esto nos importa mucho porque, como ya se te alcanza, el primer y mejor terreno para cosechar comprensiones lo forma el sector moderado de cualquier doctrina, los integristas que se atrincheran en la dulcedumbre, los pacientes y resignados incapaces de hacer realidad sus deseos. Estos son los que recibirán las noticias de tus actuaciones con un ojo húmedo y el otro exultante.

Matices

Decía Albert Camus:

> *«Cuando el terrorismo habla la lengua de la izquierda, es a la izquierda y a los intelectuales a quien corresponde denunciar y desmitificar.»*[19]

Pero son cosas que tienen poco que ver con la realidad. Escrúpulos de moralista que desconoce la condición humana.

Las cosas ocurren exactamente al revés: No existe solidaridad en la vileza comparable a la que desarrollan los «moderados». No sólo son capaces de comprenderlo todo, son los que mejor protegen la doctrina que tú has escogido como bandera, los que

---

19 «Carnets».

con más celo arropan su propio credo. No quieren que se confundan las ideas sacrosantas con la sangre y la violencia que otros despliegan. Tampoco quieren condenar a los terroristas porque eso pudiera interpretarse como una condena de la doctrina común. En todos los dogmas existe una «comunión», es decir, una lealtad hacia los demás miembros de la misma familia ideológica, y una «excomunión» que castiga la quiebra de esa lealtad. Porque toda doctrina se apoya en el convencimiento de su clarividencia y en el orgullo de su preeminencia moral.

Son leales. Distinguen con sutileza tu conducta, condenable pero comprensible, de la pureza del dogma.

> *«Son injustos los métodos, no las pretensiones políticas.»*[20]

Cultivarán toda clase de matices y distingos para defender que ni el credo respalda tus actos ni tus actos condenan al credo ni, y esto es lo más importante, tu derrota significa la ruina de la doctrina común. Escuchemos al que fue obispo de San Sebastián:

> *«Atajar la violencia en el País Vasco no quiere decir que quede resuelto el conflicto vasco, por cuanto este tiene un trasfondo político que exige una "normalización".»*[21]

---

20 Ángel Gaminde, director del diario nacionalista «Deia», 16-9-2000.
21 Monseñor Setién: Conferencia en Palma de Mallorca, octubre de 2001.

En la práctica, esto significa que la única diferencia entre «tibios» y «calientes» radica en el uso o rechazo de la violencia, con lo que los más extremistas tienen asegurado el carburante ideológico a perpetuidad.

Entre los musulmanes se producen las mismas tensiones. Conforme el radicalismo gana audiencia y comprensión, los tibios tienen que escoger entre subirse al carro, aunque sea con circunspección, o perder influencia popular. Las posiciones tibias están siempre condenadas a conceder algo para no perderlo todo.

No temas. Una vez más se comprueba, como decía Musil, que las ideas no alcanzan vigor si no las refuerzan las tendencias de la estupidez.[22]

III. ¡A las masas!

Percibo la inquietud que sientes al ver que vamos pasando páginas sin disparar un solo tiro. No temas: es una cuestión meramente metodológica para que no desvíes tu atención. Como verás enseguida, es indispensable que, desde el primer momento, dispares como un enloquecido. Ahora bien, para que no te distraigas, considero preferible que continuemos el curso natural del sendero hasta que entiendas claramente de qué se trata, cuáles serán tus apoyos y cómo brotarán las dificultades. Sigamos, pues, nuestro camino, porque lo importante no es disparar mucho, sino acertar cuando lo hagas.

---

22 Musil, R.: «Diarios», Cuaderno 25.

Hemos despachado ya lo del grupo intelectual e ideológico de apoyo, y estamos en condiciones de arrojarnos al asalto del alma popular.

No olvides que:

> *«El terrorismo es una violencia de motivación política, realizada por pequeños grupos que pretenden representar a las masas. Su objetivo es mediante una pequeña vanguardia de militantes, despertar a los oprimidos y conducirlos al poder.»*[23]

En esto, como hasta ahora, no haremos sino repetir los pasos que otros han ensayado con éxito. Todos comienzan organizando «una vanguardia escogida de cuarenta hombres» –sea en Israel, Chipre, Malaca o Argelia– que desencadenan la lucha ideológica. Pero eso no es más que el principio. Una vez cumplido todo cuanto precede, lo que importa es lanzarse a la conquista de la mayoría, como proclamaba ETA:

> *«El arma más importante que da la victoria al combatiente de la guerra revolucionaria es la población civil, el hecho de que el pueblo esté a nuestro lado. Una máxima de Confucio dice: "La voz del pueblo es la voz del cielo; obtén el afecto del pueblo y obtendrás el imperio".»*[24]

El caso es contar con el apoyo popular. Ya lo dijo el señor Adolfo:

---

23 Rubenstein, Richard E.: «Alchemist of revolution», XVIII.
24 Garmendia, J. M.: Ídem.

> *«Hay que realizar la faena, mas no en conventículos secretos, sino merced a la pujanza irresistible de la muchedumbre; no nos hemos de abrir paso con el puñal, con el veneno ni con la pistola; tenemos que conquistar al ciudadano.»*[25]

Es lo mismo que proclamaba Osama Bin Laden:

> *«Cada musulmán debe alzarse y acudir en ayuda de su religión. Los vientos de la fe están soplando.»*[26]

Dos caminos

A partir de este momento se abren ante ti dos posibilidades: una recta y la otra torcida. Hay quien se propone movilizar a todo el pueblo, y hay quien se conforma con lo justo para derrotar al poder. La torcida es la primera.

El marxista clásico –milagrero, que aguarda la llegada de los tiempos– sueña con la movilización general, la huelga revolucionaria y la toma del poder, porque eso es lo que pone en sus libros, con lo cual, se le va la vida entretenido en estériles discusiones sobre si se dan ya (¡por fin!) o no las condiciones necesarias para la caída definitiva del capitalismo y el santo advenimiento. Como el capitalismo no termina de caerse y las condiciones pre-revolucionarias no hay quien las aguante, lo habitual es que desemboquen en el fracaso, como les ocurrió a los Panteras Negras, el

---

25 Hitler, A.: «Mi lucha».
26 Osama Bin Laden. Video emitido por Al Jazeera TV, 7 de octubre de 2001.

GRAPO, la Baader-Meinhof, los Tupamaros, etcétera, o lo que es peor, en el holocausto, como los Montoneros argentinos. Deslumbrados por éxitos circunstanciales en China, Argelia, Cuba, Vietnam o Nicaragua, creen que todo el monte es orégano y la victoria cosa de cuatro días. Desgraciadamente para ellos, descubren su error cuando no tiene remedio, porque, como recuerda el sabio:

> «*Llegada la nave al medio del río, ya es tarde para reparar grietas.*»

El otro camino es el realista. Ya que no es posible revolcar al Estado (salvo que alguien más fuerte que tu esté interesado en ello y decida usarte de ariete, como hicieron los Estados Unidos con Osama Bin Laden y los talibanes de Afganistán frente a Rusia), no queda más alternativa inteligente que buscar el desistimiento del gobierno.

Esto, aunque parece muy complicado, no lo es tanto. En términos prácticos significa que tu objetivo se reduce a obligarle a ceder. Para ello basta con que sepas tener paciencia y aprovechar todas las ventajas tácticas que tu situación ofrece. Considera el párrafo siguiente:

> «*El enemigo opresor y colonialista es, en conjunto, fuerte y numeroso en el sentido material (muchos hombres, armamento bueno y abundante, toda la prensa en su poder, etcétera). Pero es muy débil y vulnerable ideológicamente. Es, además, físicamente visible en todas partes. Nosotros, por el contrario, somos pocos y materialmente débiles, pero fuertes ideológicamente. Estamos en todas partes y en*

ninguna. Somos, sobre todo, invisibles. El invasor no sabe dónde atacar; golpea con su poderoso brazo en el vacío. Nosotros, por el contrario, tenemos miles de blancos donde elegir el que queramos. Conforme a esto nos podemos permitir el lujo de atacar donde y cuando queramos. Aplicando la ley de concentración de fuerzas, atacamos un blanco muy concreto, determinado y previamente estudiado. En el momento de atacar, pues, somos más numerosos y fuertes que el enemigo.»[27]

El texto es de ETA, aunque las ideas sean de Mao. Bien puedes comprender que, en semejantes circunstancias, puedes sostener la lucha en el tiempo sin más limitación que tu propio cansancio. Y aquí, el tiempo es muy importante, porque, al final, como en el boxeo y como en la guerra, gana el que más aguante.

> *«La montaña alta teme al chino que camina despacio.»*

Eso sí, hay que trabajar duro y matar sin fatiga. No esperes milagros. Pero este es el camino. Si te empeñas en sostener guerras revolucionarias no llegarás ni a la esquina.

CANON VI: RESISTIR ES VENCER

Logrado el apoyo popular, que ya estudiaremos cómo se logra, y olvidada la revolución, todo se reduce a seguir matando, con sencillez, hasta que el Gobierno se canse o la sociedad se harte, en la seguridad de que

---

27 Tomado de Garmendia, J. M.: Ibídem I, 1.

tus adversarios escogerán siempre el mal menor, es decir, ceder.

Esto cobra más sentido cuando el terrorismo apela a todos los seguidores de un credo planetario como el Islam para luchar contra el infiel. Tiene mucho trabajo adelantado porque las sociedades occidentales que pueblan los «infieles» están inermes. Los demócratas de hoy han llegado a un punto en que sus principios están adormecidos, porque se dan por sabidos, con lo que, a la hora de juzgar, recurren a sus sentimientos. A los yihadistas les ocurre exactamente lo contrario: son doctrinarios e implacables.

Las sociedades occidentales son fecundas en llantos, y se desahogan con procesiones catárticas, plantando velas y dejando flores en las escenas del crimen. No les pidas que piensen, porque lo que les gusta es sentir y desahogarse, incluso contra su propio gobierno. Te parecerá estúpido, pero lo hacen, como se vio en Madrid tras los atentados a los trenes.

Así es que no temas. Estás en el buen camino. El triunfo o la derrota no los determinas tú, ni dependen del gobierno. Lo decidirán aquellos a quienes aterrorizas: aquellos que podrían pensar pero prefieren sentir.

Con esto terminan todas nuestras consideraciones sobre LA CAUSA. Disponemos ya de un esquema general de acción. Ahora procede que estudiemos la manera de llevar estas cosas a la práctica.

Dejemos establecido, a manera de resumen, que la lucha terrorista no se libra sino en el campo de la opinión pública; no persigue sino la comprensión y el apoyo de los ciudadanos; no conoce otro triunfo ni otra derrota que los derivados del duelo inteligente contra el poder legal. Porque, repito, no gana quien mate más, sino quien resista mejor.

Preludio a la acción:

lo útil y lo moral

Preludio a la acción: lo útil y lo moral

Visto que la opinión pública es el palenque donde se disputa la auténtica contienda, donde se dirimen el éxito o el fracaso definitivos, trataremos ahora del modo de ganar esa batalla. Tu triunfo consistirá en que los ciudadanos se distancien del gobierno, le retiren su confianza y lo priven de apoyo. Porque, de manera automática, entre un gobierno que no tiene la razón y una banda armada que no ceja en su empeño, la sociedad verá con buenos ojos cualquier acuerdo que permita olvidar la carnicería. Para conseguirlo no es necesario que se pongan de tu lado. Bastará con que se distancien del gobierno. Tampoco es necesario que les mueva el temor a tus acciones: bastará el cansancio. Porque tú sólo persigues su desistimiento.

Este objetivo se puede alcanzar por dos caminos:

A. Difundiendo la creencia de que la lucha es interminable.
La lucha puede parecer interminable si ambos sois invencibles, con una diferencia sustancial: tú serás eficaz, mientras que el Gobierno, si sabes hacer bien las cosas, aparecerá como un inútil.
B. Difundiendo la creencia de que la razón moral está de tu parte, para lo cual, tu causa debe parecer la más justa.

Así es que, o derrotas al Gobierno en el terreno de la eficacia, o lo derrotas en el de la ética. Como no son incompatibles, y no es inteligente dejar resquicios por donde respire el enemigo, mi consejo es que trates de arrinconarle en ambos campos simultáneamente, y que lo hagas utilizando una estrategia ofensiva. Hay quien cae en la tentación defensiva, poniendo el énfasis en la ineficacia gubernamental o en la justicia de su causa, actitudes propias de quien, desconfiando del triunfo, se resigna a sobrevivir. La estrategia del éxito es ofensiva: tú debes parecer invencible y ellos deben carecer de justificación moral.

La eficacia será tu mejor arma. El Gobierno nunca podrá competir contigo en este terreno, porque ha de renunciar al vigor de la acción directa. Está maniatado por leyes, principios y convenciones. Tú, no. La tuya es una guerra no convenida, sin reglas, sin límites y sin cuartel. La desventaja de tu adversario es que lo legítimo no suele ser efectivo a corto plazo. Tu ventaja es que el monopolio de la contundencia no te lo puede disputar nadie. Tambaleándose ante el convincente despliegue de tu eficiencia, no le queda al Gobierno más recurso que la apelación a la ética, pero no le dejarás ese resquicio: demostrarás que es un sinvergüenza.

Con dos armas temibles acudes, pues, a la pelea: la eficacia y la moral. Vamos a examinarlas con más detalle, para que puedas sacar el mejor partido de ambas.

El arma número 2: la eficacia

El arma número 2: la eficacia

Todos los expertos (ETA, IRA, Abu Nidal, Bin Laden...), sin darse cuenta, aplican en la práctica las ideas del mejor teórico de la violencia que ha conocido la humanidad:

> *«He dicho siempre que la violencia, para ser eficaz, debe ser quirúrgica, inteligente y caballeresca.»* [28]

Una vez más hemos de recurrir al talento clarividente de Benito Mussolini para entender el porqué de las cosas. En dos líneas ha sabido resumir *il Duce* toda la eficacia de la acción directa. Así lo veo yo:

1. La violencia debe ser quirúrgica, porque en serlo radica su vigor. Es quirúrgica cuando resuelve los problemas, no a la manera lenta, enfermiza, distanciada de quien aplica pócimas y emplastos, sino con la energía, la decisión y el compromiso personal de un cirujano que corta el mal de una vez y para siempre.

2. La violencia debe ser inteligente, lo que significa que ha de estar dotada de intencionalidad o, lo que es igual, aplicada al logro de un fin que tiene poco o nada que ver con la muerte de un simple mortal. Porque la violencia que no es inteligente ultraja los postulados del activismo político y lo reduce a la categoría de asesinato vulgar.

---

28 Mussolini, B.: Discurso del 3-1-1925.

3. La violencia ha de ser caballeresca, porque la mueve la generosidad y el afán de servicio al interés común. En eso distinguirás al activista que siembra el bien del delincuente que no busca sino su beneficio egoísta. De manera que, si la violencia que tú practiques cumple las condiciones mussolinianas porque es quirúrgica, inteligente y caballeresca, será juzgada por los demás como una violencia eficaz. Lo cual importa bastante más de lo que te figuras, y es menos complicado de lo que temes.

CANON VII: QUE RESPLANDEZCA TU EFICACIA

A. Quirúrgica

Si algo fascina de la violencia es, precisamente, su aparente capacidad para lograr de un solo golpe lo que otros persiguen tan penosa como estérilmente. A nadie fascina tanto como a los demócratas, que son sujetos resignados a la premiosidad de los procedimientos pacíficos.

> *«La violencia es eficaz, porque... en cuarenta y ocho horas de violencia sistemática y guerrera, hemos obtenido lo que no hubiésemos conseguido en cuarenta y ocho años de prédicas y propaganda.»*[29]

Este ha sido el argumento predilecto de los violentos desde que el hombre decidió justificar sus matanzas, el argumento eterno: el de Moisés contra Egipto y Canaán; el de los sicarios y circunceliones; el

---

29 Mussolini, B.: Discurso de Udine, 20-9-1922.

de los dominicos contra la herejía cátara; el de Robespierre frente a los contrarrevolucionarios; el del cura Santa Cruz contra los liberales... el de los anarquistas, los nacionalistas, los yihadistas... Eficacia. Eso es lo que ofrece Al Qaeda: eficacia en la venganza y audacia en el daño a un enemigo vulnerable.

Tal era la gran virtud de ETA: demostrar que, donde otros se atascaban como ineptos, dos balazos a tiempo aniquilaban cualquier resistencia. ¿Cómo no iba a enrolarse en sus filas la juventud en oleadas, si estaba demostrando incontestablemente que el suyo, por ser el más corto, era el camino acertado?

CANON VIII: ¿POR QUÉ ESPERAR?

1. Pulcritud

Claro está que no cabe hablar de eficacia donde no reine la pulcritud. Has de prestar especial atención al aseo en todas tus actuaciones. Es importante que la sociedad aprecie que trabajas con limpieza. Tu lema debe ser el que Celso reclamaba para la cirugía.

«Gito, tuto et iucunde.» Con rapidez, seguridad y alegría.

En el campo de la violencia, por desgracia, abundan los practicones, pero escasean los teóricos. ¡Qué pocos quedan en España! Siempre he admirado la tarea de algunos curas del País Vasco, porque he de reconocer que las virtudes de ETA no radican en el pensamiento. Esos pobres analfabetos bastante hacen para la mísera ilustración que demuestran. Repito: que la pulcritud y

el aseo de tu trabajo den testimonio de tu entusiasmo.
Así lo pide Al Qaeda:

> *«Precisión al realizar las tareas y uso de una visión*
> *colectiva para completar los detalles del trabajo en*
> *todos sus aspectos.»*[30]

Que haya un esmero que caracterice tu estilo.
Importa muchísimo que, antes de que tus testigos
sientan el terror, te contemplen boquiabiertos,
estupefactos, incluso fascinados.

Recuerda el prodigio técnico de las torres gemelas
de Nueva York (septiembre de 2001), aquel
encadenamiento de las bombas en los trenes de
Madrid (marzo de 2004), la coordinación de los tres
ataques suicidas en el metro de Londres (julio de
2005)...

Ya ves cómo es cierto que existe una estética de la
violencia.

> *«Dios, sea alabado y ensalzado, ha golpeado a*
> *América en un punto vital. Ha destruido sus mayores*
> *edificios, y alabamos a Dios por ello. Ahí está América,*
> *llena de miedo del norte al sur, del este al oeste, y*
> *alabamos a Dios por ello.»*[31]

A esa belleza no puede sustraerse el pueblo, porque
forma parte de la fascinación que suscita el
espectáculo violento cuando está bien realizado.

---

30 «Manual de entrenamiento de Al Qaeda», 14.
31 Osama Bin Laden. Video emitido por Al Jazeera TV, 7
de octubre de 2001.

«Desde Engels, todos, Lenin, Trotsky, Stalin, Mao, Pol Pot, Hitler, Mussolini, Franco, Fidel Castro, Guevara, etc., han exaltado la belleza viril de la santa violencia fundadora.»[32]

Tenlo siempre muy presente, ya que esta es la razón que explica por qué la sociedad olvida muchas cosas. Si cuidas las formas, tendrás mucho terreno ganado en la estima y consideración de tus seguidores.

CANON IX: PULCRO Y ASEADO

Por lo que más quieras, evita el ridículo. Me estoy acordando del londinense convertido al islam que, en un vuelo a Miami, no logró hacer estallar la bomba que llevaba en el zapato y fue detenido por los pasajeros;[33] de aquel nigeriano que quiso detonar una bomba en un vuelo a Detroit y se le quemaron los calzoncillos;[34] de aquel otro que ocultó una bomba en el recto antes de encontrarse con un ministro saudí y se voló a sí mismo sin dañar al ministro.[35] Los tienes a todos en Internet.

2. Alegría

Es evidente que no se pueden hacer bien las cosas si no se disfruta realizándolas. No hay labor estética

---

32 Semprún, Carlos: «La Ilustración Liberal», 53. 2009.

33 22 de diciembre de 2001. El terrorista se llamaba Richard Reid.

34 25 de diciembre de 2009. El terrorista se llamaba Umar Abdul Mutallab.

35 27 de agosto de 2009. El terrorista se llamaba Abdullah Al Asiri.

posible donde falta el entusiasmo por el trabajo bien hecho. Importa mucho que no te conformes con una simple apreciación instrumental de la violencia. Debes vibrar inflamado por la acción directa. No llegarás a nada, si no amas el oficio, aprecias su grandeza y te muestras sensible a su hermosura. Es indispensable que seas capaz de estimar la violencia por sí misma.

> «*Hemos vendido nuestras almas a Alá y damos la bienvenida a la oportunidad de luchar hasta la muerte.*»[36]

Conviene que, para consolidar tus convicciones, te aproximes en este campo a los clásicos. ¡Cómo me gustaría que fueras capaz de resucitar aquel frenesí por la violencia que caracterizó a los viejos maestros! ¿Quién de los modernos aficionados utiliza hoy la belleza oratoria y el coraje conceptual de Mussolini?

> «*Yo he hecho casi toda mi vida la apología de la violencia... Y he dicho siempre que la violencia a tiempo, caballeresca, noble, de uno contra uno, es mejor que el compromiso y la transacción.*»[37]

¿Te das cuenta? Ya no quedan hombres como aquellos, capaces de transmitir a las masas la fuerza de unas convicciones incontestables. ¿Y qué te voy a decir de Hitler, aquel maestro que se entusiasmaba hasta el llanto en sus ensoñaciones exaltadas? Lo cuenta en «Mein Kampf»:

---

36 Mohamed Al Zawahiri, líder de Al Qaeda en Egipto. Prensa del 6-7-2013.
37 Discurso de la Ascensión, 26-5-27.

«¡Cuantas veces he visto brillar el fulgor de la comprensión en la pupila de mis jóvenes camaradas, cuando les explicaba la indispensabilidad de su misión, y sin cesar les aseguraba que nada vale toda la sabiduría de esta tierra si no la sirve, ampara y defiende la fuerza!»

¡Qué sensibilidad la de aquel hombre, que en medio del alboroto de un mitin en el que se han introducido reventadores y en el que alguien ha disparado dos pistoletazos, confiesa emocionado!:

«El corazón se alborozaba casi ante aquel revivir de viejos recuerdos de la guerra.»

Podría citar a muchos más, pero en ninguno íbamos a encontrar la fuerza emocional, el coraje combativo y la enardecida exaltación ideológica de los que he señalado.

Alegría al preparar la acción, al cometerla y al festejarla. ¿Cómo no disfrutar de los éxitos? No existen los terroristas tristes:

«–¿Qué cree que sentiremos después del asesinato? –Orgullo y alegría. –¿Nada más? –Naturalmente.»[38]

ETA y sus secuaces brindan tras cada atentado. De los festejos palestinos cuando caen cristianos en Occidente no hace falta que diga nada; basta con ver la televisión. Decía Bin Laden de sus colaboradores próximos:

---

38 Sawinkow, Boris: «Memorias de un terrorista.». Citado por Enzesberger, H. M.: «Política y delito».

«No cabían en sí de alegría cuando el primer avión choçó contra el edificio, así que les dije: tened paciencia.»[39]

3. Publicidad

Es tan importante la limpieza que sin ella no cabe una publicidad eficiente. Y sin publicidad estás perdido. Es preferible matar a una persona y ser visto por mil, que al revés. No se trata de matar a muchos, sino de que te vean todos.[40]

En Irak o Afganistán se producen atentados todos los días. ¿A quién le importan en Occidente las decenas de muertos casi cotidianos, incluidos niños y sus madres? Eso, en las ciudades europeas, suena tan habitual como el ruido del tráfico. En cambio, un cadáver en Londres, un solo cadáver, hace que todos se sientan o víctimas o supervivientes. Para los efectos publicitarios, vale muchísimo más un muerto en Barcelona que ciento cuarenta en Bagdad.

El asesinato que no se publica es un esfuerzo baldío. No podrás alcanzar ninguno de tus objetivos si no cuentas con la ayuda de la Prensa. Por eso se ha definido al terrorismo como una guerra psicológica

---

39 Osama Bin Laden. Video emitido por Al Jazeera TV, 7 de octubre de 2001.

40 Esta cuestión está bien examinada en el libro de Wilkinson, Paul: «Terrorism and the liberal state», aunque es una constante de todos los analistas.

disputada en los medios de comunicación. Como dijo un colega norteamericano:

«You can't be a revolutionary without a color TV: it's as necessary as a gun.»[41]

En realidad quería decir que no se puede ser revolucionario sin una tele en color: es tan importante como la pistola.

No sirve de nada sembrar la calle de cadáveres si no se entera nadie. Para que te hagan caso necesitas que cada atentado conmocione a la opinión pública. Tienes que aparecer en todos los boletines radiados, en los informativos de televisión y en las primeras planas de los periódicos. Así, a través de informaciones repetitivas y de comentarios de periodistas apocalípticos o timoratos –que nunca faltan–, la gente recibirá una impresión multiplicada de tu capacidad real. Es la única manera de llamar la atención.

La Prensa occidental colabora aunque no lo pretenda. Las democracias son incapaces de resolver el dilema de si procede imponer –o si tan siquiera cabe establecer– una deontología informativa. No existe ningún peligro de que nada detenga la sana competencia entre los medios informativos para ser los primeros en difundir un atentado, por ser los más ilustrativos y los que más saben sobre lo que ignora el vulgo, en una palabra, para magnificar la alarma. Los actos violentos siempre merecen la atención del

---

41 Rapoport, David C.: «Fear and trembling». Am. Pol. Sc. Rev. 78, 3 (sept.), 1984.

público y, con los modernos medios de comunicación (junto a las «redes sociales»), un episodio de violencia particularmente clamoroso puede alcanzar a casi toda la humanidad. A esto se debe, principalmente, la proliferación de técnicas terroristas espectaculares. Se cuida mucho la estética del atentado y, de manera especial, la «puesta en escena», el golpe de efecto.

No te voy a recordar la fascinación cinematográfica de los aviones incrustándose, una y otra vez, en las Torres Gemelas de Nueva York: la variedad de planos, de enfoques, de perspectivas... No es un modelo que esté a tu alcance.

Tampoco lo están atentados como los de los trenes de Madrid o el Metro de Londres, pero sí lo está la publicidad. Dos de los suicidas del metro londinense, por ejemplo, dejaron grabadas cintas de video en las que explicaban sus razones para cometer el atentado. Las emitió la TV de Al Jazeera (1 de septiembre de 2005) y las reprodujeron hasta la náusea todas las cadenas de todos los países de todo el planeta.

Lo ocurrido en Woolwich (Londres) el 22 de mayo de 2013 fue mucho más teatral. Sin aviones, ni trenes, ni metro, con un solo cadáver, se alcanzó una repercusión sin límites. Una pareja de yihadistas degolló a un soldado de 25 años que estaba de guardia y sin armas. Lo primero que hicieron fue arrastrar su cadáver hasta el centro de la calzada para que todo el mundo pudiera verlo sin dificultad. A continuación se mostraron a los aterrorizados viandantes con las armas en las manos y las manos ensangrentadas. Pidieron que les hicieran fotografías y videos con los teléfonos. Uno de los terroristas logró que una señora le ayudara a propagar el terror grabándole una especie de rueda de prensa que dio la vuelta al mundo. Consiguió, no sólo excitar la curiosidad de todos los telespectadores, sino endosarles, desde el mismo escenario del crimen, su mensaje de advertencia. ¡Espectacular!

El marroquí que el año 2004 disparó, apuñaló y finalmente degolló al cineasta Theo van Gogh en Ámsterdam, dejó una carta reivindicativa, clavada con una navaja en el pecho de su víctima.

Estas cosas son muy excitantes para la prensa y para el público. No son nuevas: ya en febrero de 1879, cuando mataron a tiros al príncipe Kropotkin, gobernador de Járkov, dejaron sobre el cadáver una amable nota explicativa.

No le faltaba razón a Hume cuando decía:

> *«La victoria no es alcanzada por quienes llevan las armas, sino por los trompetas, tambores y músicos del ejército.»*[42]

CANON XI: ME MIRAN, LUEGO EXISTO

Ahora lo tienes mucho más fácil gracias a «youtube» y a ese divertimento de periodistas y escolares que llaman «redes sociales».

---

42 Hume, David: «Tratado de la naturaleza humana», *Introducción.*

Y no pienses que la publicidad se dirige sólo a quienes aterrorizas. También sirve para caldear los corazones de tus epígonos. La temperatura máxima se alcanza con el martirio de los suicidas, pero cualquier buen ejemplo, aunque sea moralmente inferior al suicidio, puede dar fruto.

El agente que reclutaba jóvenes mártires en Ceuta (España), mostraba imágenes de un video en el que aparecía un conocido taxista de la ciudad, Rachid Wabbi, sonriendo a la cámara con uniforme militar y un rifle kalasnikov, explicando sus razones para la yihad. Luego se le ve subirse a un camión bomba y alejarse hasta desaparecer. Unos segundos después se oye una tremenda explosión y aparece en la imagen una inmensa nube negra. Es un cuartel del ejército sirio: 130 muertos.[43]

Toma nota, porque es una obra maestra de la publicidad apostólica.

B. Caballeresca

La noche del 2 de febrero de 1905, tu legendario predecesor, el poeta Ivan Kalyayev, se acercó al coche del Gran Duque Sergio que iba al teatro Bolshoi en Moscú. Alzaba ya la mano para arrojar la bomba cuando vio, junto al Gran Duque, a Elisabeth, su esposa, y a sus sobrinos María y Dimitri. Bajó su bomba y se marchó. No le pareció que estaba bien asesinar a niños. Mató al Gran Duque dos días más tarde.

---

43 Diario «El País», 23-6-2013.

No es este romanticismo lo que pregonaba Mussolini como caballeresco. Hoy día, nadie ve las cosas así: En 1986, por ejemplo, ETA puso una bomba en el techo del coche del gobernador militar de Guipúzcoa, que costó la vida al general, a su esposa y a su hijo. No se anduvo con contemplaciones. Tampoco cuando colocó una bomba en el parking del supermercado Hipercor de Barcelona o en el alojamiento de las familias del cuartel de la Guardia Civil de Zaragoza.

Cuando hablamos de caballerosidad no estamos pensando en ninguna clase de imperativo moral. Se trata de que muestres un padrinazgo benefactor, es decir, que aparezcas como el protector de los desvalidos.

Es muy importante que quienes han de apoyarte piensen que sirves para algo. Nadie sabe si alguna vez alcanzarás tus objetivos. Si hacemos caso de la historia, la eficacia política del terrorismo para alcanzar los fines que proclama suele ser nula. Necesitarás, pues, excusas cotidianas menores.

Incluso a los más escépticos les gustará que alguien obtenga cosas, satisfaga venganzas o, como es el caso de ETA y la Yihad, mantenga encendida la llama de la rebeldía, para que conste.

Quien satisface apetitos es eficaz y recibe como premio un fervoroso sustento popular. Cualquier causa, como señalábamos en el «Arma número 1», te sirve, sea nacional, regional, provincial, de zona, de barrio o de escalera. Puedes optar por motivos laborales, ecologistas, pacifistas, nucleares, urbanísticos, antidroga, etcétera. Puedes paralizar una construcción para reivindicar un parque o destrozar un parque para reclamar una escuela aborigen. Se verá bien que castigues a quienes el juicio popular haya condenado como indeseables, y muy especialmente que suprimas a cualquier sujeto que se haya hecho merecedor del odio colectivo. Como recuerda el proverbio chino:

> «*Es preferible ser bueno para con mil hombres que enemigo de uno solo.*»

Sobre todo, si desaparece.

No existe ningún campo preferible. Lo único que importa es que:

a. Pueda responder a tu tratamiento.
b. Sirva para ganar simpatías, lograr adhesiones o cosechar defensores.

ETA, en los años setenta, se hizo obrerista y lanzó una advertencia *urbi et orbi*:

> «*Aquellos que se empeñen en oprimir a la clase obrera y al pueblo ya no podrán hacerlo impunemente. Por ahora no podremos castigar a todos, pero como ellos no sabrán nunca a quien le tocará servir de escarmiento, esperemos que se muestren más propicios a atender las justas exigencias de la clase obrera.*»[44]

---

44 Garmendia, J. A.: obra citada II, 3, *Lucha armada y lucha de masas*.

Mediante el secuestro de empresarios, trató de mostrar que estaba al lado de los trabajadores y dispuesta a intervenir en el momento en que la lucha de los mismos no produjera resultados satisfactorios. Luego se dedicó a otras cosas: por ejemplo, paralizó la construcción de una central nuclear.

Cualquier oportunidad es buena para que te sumes al cortejo de las reivindicaciones y, por supuesto, te sitúes a su cabeza, de manera que cuantas veces se alcance un resultado puedas presentarlo como una conquista arrancada por tu brazo. Bien están las reivindicaciones laborales, pero no has de olvidar los movimientos pacifistas y, mucho menos, a los objetores de conciencia. ¡Cuántas veces hemos vista a ambos gritar en Bilbao!: «¡ETA, más metralletas!» No hay mejor argumento contra el militarismo que un buen balazo donde corresponde. ¿Qué dijo Bin Laden tras el atentado de Nueva York?

«Un millón de niños inocentes mueren en Irak mientras estoy hablando, y no escuchamos ninguna condena. Estos días, excavadoras y carros de combate israelíes siembran el caos en Palestina, en Jenin, en Ramala, en Rafah, en Beit-Jala y en otras ciudades del Islam; y no oímos a nadie que alce su voz o levante un dedo.»[45]

Dzhokar Tsarnaev, el que hizo estallar una bomba en la maratón de Boston, confesó que lo había hecho para «vengar a los niños que mueren en Palestina».

---

45 Osama Bin Laden. Video emitido por Al Jazeera TV, 7 de octubre de 2001.

Es preciso que te transformes en el adalid de todas las causas, de modo que las masas no se limiten a ponderar tu caballerosidad, sino que, convencidas de la potestad que administras, reclamen tu ayuda a todo pulmón. No debes darte por satisfecho hasta que llegue el día en que puedas escuchar las voces de tus admiradores llenando las calles de Gaza, de El Cairo o, más cerca de nosotros, de Bilbao, como hacían los seguidores de «Herri Batasuna», el brazo legal de ETA, al grito de: «¡ETA, mátalos!».

No debes sentir inquietud si, por apoyar reivindicaciones populares, te ves obligado a oscilar como un péndulo, porque nadie espera de ti coherencia, sino eficacia. Cada vez que aciertes en tus objetivos, el resplandor de tu caballerosidad apagará las contradicciones de tu conducta.

El terrorista del metro de Londres decía en su video explicativo dirigiéndose al pueblo británico:

«Vuestro gobierno perpetra continuamente atrocidades contra mi pueblo por todo el mundo. Vosotros, que lo sostenéis, sois responsables directos, como yo lo soy de proteger y vengar a mis hermanos y hermanas musulmanes [...] Hasta que no dejéis de bombardear, gasear, aprisionar y torturar a mi pueblo, no detendremos esta lucha.»[46]

---

46 Video grabado por los suicidas del atentado en el metro de Londres. Al Jazeera TV, 1 de septiembre de 2005.

Es importante esta norma, porque no se trata sólo de que atiendas las congojas populares, sino de que ganes compañeros de viaje para tu causa. Nada produce tantos como la violencia, porque generaliza un silencio solidario e inquebrantable que representa la más sólida, la más pétrea de las mayorías. Una minoría aparente que cuente con la aquiescencia complacida e incluso divertida de un grupo mayoritario de observadores silenciosos es una mayoría de hecho. La prueba es que, si cambiaran las tornas, dejaría de ser silenciosa. En el País Vasco, el número de mudos complacientes disminuiría drásticamente si el terrorismo fuera antinacionalista.

«Para comprender el absurdo de que se hable de "pequeñas minorías de militantes" basta solo imaginar lo que hubiera sucedido en la Alemania pre-hitleriana si unos pocos judíos desarmados hubieran tratado de interrumpir la clase de un profesor antisemita.»[47]

Pregunta por ahí. Pide que levante la mano todo el que en 1973 rechazara el procedimiento de ETA para eliminar al que fue la mano derecha de Franco, el almirante Carrero Blanco. No esperes que se alcen muchas. El método que utilizaron después los buenos demócratas para amortiguar su contradicción consistió en transformar aquel atentado en una especie de *deus ex machina* del fin del franquismo,

---

47 Arendt, Hannah: «Crisis de la República», *Sobre la violencia.*

pese a que están convencidos de que aquello se caía solo. ¿Era buena la violencia entonces y ahora no?

Esta es una de las mayores virtudes del terrorismo: juega con la mala fe de quien se deja llevar como sin saber, o sin querer saber, o prefiriendo no saber..., que de todo hay. El ecologista acepta el cierre de la factoría como bueno; el trabajador, la resolución favorable de su conflicto; el nacionalista, la reivindicación del momento..., sin parar mientes en los procedimientos que utilizas. Estoy hablando de todos aquellos que calculan la rentabilidad de su cobardía, y escogen lo que más les beneficia.

> *«No quisieras hacer trampas, pero aceptarías una ganancia ilegítima.» Lady Macbeth.*

Si eres eficaz, nadie podrá evitar la perplejidad ante los resultados que tú facilites. Porque nadie rechazará las conquistas que arranques, y porque, mientras obtengas frutos, nadie discutirá tus procedimientos. Desde luego, no te los estorbarán.

El gran triunfo en este terreno consiste, precisamente, en liquidar la inevitable discusión sobre la ilicitud de los medios violentos. Ya hemos comentado la conveniencia de que te apoyes en un grupo moderado, cuyos objetivos compartas y del que te distancien los procedimientos. Calcula la trascendencia que puede alcanzar quien consiga silenciar las críticas de esos moderados en el único terreno en que disienten: la violencia. Te transformas nada menos que en el dueño de la situación. Eres tú quien acumula argumentos para criticar su esterilidad. Les obligas a defenderse, al acopio de sutilezas, a la ambigüedad y al silencio. Juegas a tu favor con la mala conciencia de quien, siendo el beneficiario de tus diligencias, conserva las manos limpias, porque no ha tenido arte ni parte en la muerte de ningún justo.

Ya ves cómo no hay sino ventajas en el culto a la caballerosidad. Merced a tu eficacia lograrás silenciar a los beneficiarios. Se desplegará una extensa red de aquiescencias formada por todos cuantos renuncien a juzgar tu débil flanco moral, es decir, la gran masa de los que, con su abstención, dejan la condena en manos del gobierno. Algunos audaces llegarán a rechazar de viva voz tus procedimientos, pero no los beneficios obtenidos por tu acción. Así lograrás que quienes te contemplan obren como el chino que:

> *«Al ver a un hombre hacer una buena obra, olvida sus cien obras malas.»*

Señalemos un nuevo canon:

CANON XIV: EN DEFENSA DE LA HUMANIDAD SUFRIENTE, ES LEGÍTIMO SER INHUMANO[48]

C. Inteligente

Por último, para ser eficaz, tu violencia ha de ser inteligente.

Esto significa, en primer lugar, que no puedes actuar como una fuerza ciega que golpea

---

48 Finkielkraut, Alain: «Nous autres, modernes» III, *Le don des larmes.*

indiscriminadamente, sin plan ni intención, caiga quien caiga. Una vez más, Mussolini nos guía:

«No nos gusta la violencia por la violencia.»[49]

La violencia eficaz se inscribe en un plan, porque no es más que un instrumento al servicio de unos fines a cuyo logro se supedita. No la mueve el odio, que es otro instrumento; ni el afán de represalia, aunque la represalia sea una técnica aconsejable. Ambos son instrumentos dolorosos, pero inevitables, para asegurar el coronamiento de la alta causa que persigues, pero nunca los móviles que orientan tu acción. Hemos visto que la caballerosidad te asegura preciosos caudales de popularidad. Pero este tampoco es tu objetivo. Las multitudes son instrumentos que conviene hacer sonar armónicamente. Habrá que afinarlas. Las tuyas y las ajenas.

1. La siembra del terrorismo

Vamos a tratar de lo que, en terminología terrorista, se denomina la creación de la retaguardia. Tú eres como el campesino que esparce el grano en la tierra. Siembras terrorismo para que los ciudadanos descubran sus auténticos problemas, reconozcan a su enemigo real –que será el que tú señales– y, en consecuencia, no sólo oigan tu voz (te den la razón), sino que la secunden y contribuyan, persuadidos y animosos, al esfuerzo de tu causa.

---

49 Mussolini, B.: Discurso al pueblo de Cremona, 29-10-1924.

«Tenemos que predisponer los espíritus de tal forma que, a medida que vamos avanzando de actitudes más blandas a otras más duras, el pueblo no se escandalice, sino al contrario: lo reciba bien, incluso le parezca natural o –y este sería el caso óptimo– lo esté ya aguardando ansiosamente.»[50]

Debes lograr que acepten representar el papel que les asignas, porque no van a colaborar voluntariamente. Su cerrazón mental les impide ver la realidad de las cosas. Tú serás el taumaturgo que les muestre el rostro de la verdad y desvele la realidad de su lamentable estado, la opresión que padecen, la falacia de sus libertades, la burla de la democracia... o, según convenga, la indiscutible etnia inmortal –que desconocían, pero que les posee–, la agonía de una lengua, el genocidio de una raza, etcétera, para que «tomen conciencia», agranden el foso que les separa de sus opresores y acentúen sus diferencias con los vecinos.

«El descontento del pueblo procede siempre de alguna violación (nacional, social, económica, religiosa, etcétera) perpetrada sobre la dignidad del hombre. Ella da paso a un sentimiento de frustración. El germen esta echado para iniciar la revuelta.»[51]

Puede ser útil todo aquello que contribuya a manifestarles que están jugando el papel de comparsas en el reparto de la historia; que les muestre, como en un espejo, su estúpida nariz de payaso agradecido,

---

[50] Garmendia, J. M.: Obra citada I, 1.
[51] Ídem.

para que, percibiendo la miserable realidad, no puedan contener su cólera. Como recordaba un dirigente de Herri Batasuna, la rama legal de ETA:

«*Peor que estar mal es ignorarlo y decir que se está bien. Para que Euskal Herria salga de su grave situación es prioritario que deje a un lado su buena conciencia, el no conocer la realidad en su verdadera dimensión.*»[52]

Ya señalaba sir Brooke Boothby en 1791:

«*El pueblo debe sentir la auténtica presión del mal, y sentirla con bastante fuerza antes de que se le pueda mover. No se arriesgará a perder el bien actual por la ventaja contingente.*»[53]

Es preciso que entiendan todo esto con claridad. No sólo que lo entiendan, sino que lo hagan suyo. Eso es ser eficaz: conseguir que tu pueblo no sólo te dé la razón, sino que, movido por la evidencia, secunde tus iniciativas y, puesto en pie, se funda en una apretada falange que emprenda el sendero luminoso de la libertad. Ese es nuestro objetivo: alcanzar esa evidencia movilizadora. ¿Cómo se consigue?

Acción-Represión-Acción

Supongo que comprendes que no son discursos ni cursillos de adoctrinamiento lo que vas a necesitar. Deja esas actividades para los que piensan que a las

---

52 Iñaki Aldecoa en el diario «Egin», 27-9-85.
53 «A letter to Edmund Burke». Tomado de Lasky, M.J.: «Utopía y Revolución», *La ideología inglesa I.*

masas se les puede concienciar por la palabra o convencer por la razón, al estilo de los viejos socialistas utópicos. El pueblo no entiende otro lenguaje que el de la coacción. Dos mil años llevan los curas con las iglesias abarrotadas merced a la amenaza del castigo eterno. ¿Quién tomaría en serio a un dios que no castigue?

> *«No respetamos a Dios por su personalidad sino por el fragor de sus truenos.»*[54]

Es preciso que el poder se exprese con violencia, y es indispensable que el golpe lo sufran tus paisanos.

> *«El militante revolucionario vasco ha de hacer la opresión más real y dura de lo que es.»*[55]

El sistema se difundió gracias a las experiencias de Mao y su discípulo Ho Chi Min, que han servido de pauta a todas las organizaciones terroristas contemporáneas. Se llama «Estrategia de Acción-Represión-Acción», pero viene de muy lejos. Ya la emplearon los zelotes en Jerusalén para provocar a la guarnición romana. Su principal teórico, es decir, el que lo puso por escrito, fue el revolucionario ruso Sergey Nechayev:

> *«Convencidos de que la emancipación y la felicidad del pueblo sólo se puede alcanzar mediante una revolución popular, nuestra organización empleará todo su poder y todos sus recursos para provocar el*

---

54 Kraus, K.: «Dichos y contradichos», *Prensa, estupidez, política.*
55 Garmendia, J. M: obra citada I.

aumento de las calamidades que agoten finalmente la
paciencia del pueblo y lo conduzcan a un alzamiento
nacional.»[56]

Cuando apliques este mecanismo de forma reiterada, estarás recorriendo la espiral de la violencia, a la que Mao bautizó como «Estrategia de Acción-Represión-Acción». Con posterioridad, la han aplicado todas las organizaciones terroristas modernas, si bien es verdad no con el mismo éxito, porque, contra lo que imaginan algunos, los gobiernos piensan de vez en cuando. Aunque ha perdido casi toda su eficacia, conserva la virtud inestimable de generar respuestas automáticas que, antes o después, activan el mecanismo.

De este modo, el poder que combates se convierte en tu principal aliado. Basta con hostigarlo desde la sombra. Has de golpear incansablemente y donde más le duela, hasta que responda agresivamente, de suerte que, eludiendo tú los golpes, sea la población quien sufra las consecuencias de tus actos. Este es todo el secreto: que paguen justos por pecadores.

> *«El enemigo, como un coloso aguijoneado por*
> *muchas abejas, pierde el control de sí mismo, se*
> *enfurece hasta el paroxismo y golpea ciegamente a*
> *diestro y siniestro. Hemos conseguido uno de nuestros*
> *mayores objetivos: el de obligarle a cometer mil*
> *torpezas y barbaries.»[57]*

---

56 Nechayev, S.: «Catecismo revolucionario», II, 22.
57 Garmendia, J. M.: Ibídem.

Los campesinos cubanos de 1957 no entendían «un caraho» de aquel asunto de Fidel Castro. Sin embargo, las detenciones, los interrogatorios y las torturas del ejército de Batista para obtener información sobre los pasos de los guerrilleros, llevaron gentes en aluviones a su banda; como ocurrió en Argelia, como en todas partes.

La doctrina se aplica hasta en Guipúzcoa: Cuando, en agosto de 1968, cometió ETA su primer atentado mortal,[58] asesinando al comisario de policía Melitón Manzanas, la respuesta de Franco consistió en declarar el «estado de excepción», primero en Guipúzcoa y luego en toda España, con lo que transformó la lucha «abertzale» (patriótica) en «la punta de lanza» de la lucha contra la represión franquista.

> *«La policía sabe que no puede desarticular a ETA, a no ser exterminando al pueblo vasco... Cuando nosotros nos cruzamos en la calle con un guardia civil o un policía, sabemos que acabamos de ver a un enemigo. Ellos, por el contrario, no saben que quien les acaba de mirar a los ojos es un militante de ETA. Del mismo modo que cualquier vietnamita sabe enseguida quién es americano, y, por tanto, enemigo, mientras que los yanquis encuentran que todos los vietnamitas, amigos o enemigos, son idénticos, los guardias civiles dudan si considerar que no hay enemigos o bien que*

---

58 El primer asesinato se había producido ya. En un control de la Guardia Civil, Javier Echevarrieta (junio de 1968) huyó tras disparar contra el agente José Pardines Arcay.

todos los que su mirada cruza lo son... Impotente para
desarticularnos... la represión cae ciegamente sobre
toda la población... con la esperanza de que debajo
habrá enemigos.»[59]

Cada vez que el poder muestre la faz autoritaria
tendrás una excusa renovada para responder a sus
golpes. Cuanto más desproporcionada sea la acción
represiva, mayor será el descontento y con mejores
ojos se contemplará tu gallardía.

«La dictadura del general Franco está siendo para
nuestro pueblo infinitamente más positiva que una
república democrática-burguesa, que hubiera ahogado
nuestras aspiraciones sin crear unas tensiones como
las que ahora disponemos para lanzar al pueblo a la
lucha.»[60]

Para cuando los ciudadanos quieran darse cuenta,
estarán inmersos en una pesadilla insoportable,
incapacitados no sólo para huir, sino tan siquiera para
entender correctamente lo que está pasando y, por
supuesto, representando inconscientemente el papel
que tú les hayas asignado. Un papel que comprende
dos actitudes: irritación ante un poder agresivo que se
ve obligado a reprimir indiscriminadamente, a recortar
libertades, a cometer errores, y convicción creciente de
que tú y los tuyos representáis la única esperanza, la
única defensa, contra la agresión. Pocos caerán en la
cuenta de la ambigüedad que encierra tu doble juego

---

59 Garmendia, J. M.: Ibídem II, Apéndice III.
60 Garmendia, J. M.: Ibídem I, 2, *La carta a los*
intelectuales vascos.

de provocador y de víctima. Como recomendaba Carlos Marighella:[61]

«El propósito es hacer que la vida se vuelva insoportable para la gente ordinaria y transformar una situación política en una situación militar.»[62]

Aunque hayas de sostener lo contrario, no olvides que el terrorismo no es, en absoluto, el camino que escoge un pueblo desesperado que ha llegado al límite de su capacidad de aguante. No existe tal límite.

«Si usted examina la historia de las revoluciones verá que nunca fueron los oprimidos y los degradados quienes mostraron el camino, sino quienes no estaban oprimidos ni degradados, pero no podían soportar que otros lo estuvieran.»[63]

Ya lo decía Trotsky:

«En realidad, la mera existencia de privaciones no es causa suficiente para una insurrección: si lo fuera, las masas estarían siempre sublevadas.»[64]

Cuanto más miserable es el pueblo, menos se rebela, como comprobó Solowjow en 1870 con los campesinos rusos.

---

61 Marxista brasileño, autor de: «Minimanual de la guerrilla urbana».

62 Citado por Clutterbuck, Richard: «Guerrilleros y terroristas».

63 Arendt, H.: Ibídem, *Pensamientos sobre política y revolución*.

64 Citado por Brinton, Crane: «Anatomía de la revolución».

Precisamente se enciende la mecha del terrorismo, entre otras cosas, para conseguir que despierte el pueblo, para que descubra su situación, para que sufra los efectos de la represión gubernamental y, como consecuencia de todo ello, se alce contra la injusticia, la ocupación de la patria o lo que convenga. Todos los activistas proclaman que la guerrilla es hija de la revolución, pero la realidad es exactamente al revés: la guerrilla se pone en marcha para intentar conseguir un clima revolucionario, porque es la única manera de implicar a la población.

«El militante tiene que empezar, pues, por caldear el ambiente en que va a actuar.» [65]

CANON XVI: EL TERRORISMO SE SIEMBRA, COMO LAS PATATAS

Fueron los Tupamaros quienes, sin saberlo, mejor desarrollaron esta técnica en el medio urbano, creando «focos» de violencia en las ciudades, que de ahí viene precisamente la «Teoría del Foco», la principal aportación de Ernesto «Che» Guevara a la estrategia de la guerrilla revolucionaria. Según ella, un grupo de activistas reducido puede, en condiciones adecuadas, producir una situación revolucionaria. El foco, mediante la actividad terrorista, radicaliza las relaciones entre la élite gobernante y la oposición, al tiempo que priva de base social al régimen. [66]

No es necesario añadir que, para que la siembra germine, cualquier estímulo es bueno:

---

65 Garmendia, J. M.: Ibídem.
66 Bobbio, N.: «Diccionario de política», *Revolución*.

«El pueblo se lanza al combate por lo que ama y también por lo que odia. El odio es uno de los más potentes resortes humanos. Hay que saber aprovecharlo, canalizarlo y lanzarlo contra el imperialismo secular que profana y expolia nuestra amada tierra y a sus habitantes.»[67]

Dicho esto, consideremos otro aspecto de la inteligencia: la prudencia.

2. La prudencia del buen terrorista

Conviene guardar un cierto sentido de la medida, porque en esto de matar, como en todo, se pueden cometer excesos, y las dictaduras son peligrosas. Cuando los zelotes de Judea intentaron levantar a los israelitas contra Roma, desencadenaron una campaña de atentados terroristas con el propósito de hacer la represión romana tan intolerable que provocase una insurrección explosiva. Es cierto que lo consiguieron. Tanto, tanto, que el resultado fue desastroso: Roma asoló el territorio, destruyó el templo y la historia hubo de concluir con el suicidio colectivo de terroristas en Massada. Cuando los zelotes volvieron a intentarlo, se produjo la deportación en masa y el comienzo de un exilio que marcó la historia judía para 2.000 años. Cuando los revolucionarios rusos asesinaron al zar Alejandro II, fueron diezmados y exterminados. No insisto en el ejemplo de los Montoneros argentinos porque está más cerca.

---

67 Garmendia, J. M.: Ibídem.

Cualquier exceso es peligroso, y aunque no lo fuera, puede ser contraproducente porque, en vez de movilizar a las masas, las convierte en espectadores atemorizados, y despierta en ellas una sed de ley y de orden que las alinea férreamente con el gobierno.

> *«La estupidez de los radicalismos casi nos obliga a excusar las injusticias que denuncian.»*[68]

Se puede progresar con rapidez, pero llega un momento en que conviene reflexionar. Son tres las vías que se te ofrecen:

a) Consigues enrolar a una mayoría de la población en tu bandera y ganas la guerra, lo que es casi imposible.

b) Desencadenas el pánico para lograr que te atiendan, y pierdes la guerra, lo que es sencillísimo.

c) Juegas inteligentemente a enquistar la situación.

Esto último es lo más recomendable. Así lo han hecho ETA, el IRA, el Farabundo Martí, el Alfaro Vive Caraho, Al Qaeda... Sustituyen la acción a mansalva por una estrategia de disuasión, mediante una guerra psicológica, en la que el gobierno tiene siempre más posibilidades de perder, la sociedad de cansarse y ellos de resistir.

---

68 Gómez Dávila, Nicolás: Ibídem.

Saber protegerse

Prudencia es, también, no sucumbir, lo cual significa que, salvo que seas musulmán, debes proteger tu vida. El terrorismo es una actividad que no implica más riesgos que otras muchas. No debes ser tú quien los incremente por un distorsionado sentido del valor. Recuerda el Eclesiastés (3, 27):

> «Quien ama el peligro, en él perecerá.»

Como explicaba un pistolero de ETA:

> «... un lema fundamental de la estrategia de guerra prolongada es conseguir el máximo de eficacia con el mínimo de riesgo.»[69]

Y no todos los riesgos son físicos. Hay que ponerse en la pelleja de esos muchachos para imaginar el trance que sufren en cada atentado. No me extraña que, con frecuencia, se equivoquen de víctima. ¡Qué fácil es hablar! Pero, ¿cuántos se atreverían a hacer lo mismo? ¡Naturalmente! Como que para esto no sirve cualquiera. Tú tampoco, al menos mientras no superes estos rudimentos y podamos entrar en los aspectos verdaderamente sustanciales de tu formación.

Sólo entonces comprenderás los riesgos que experimenta un comando cuando actúa. En apariencia es muy sencillo: basta con esperar apretando los dientes para que no te consuma el nerviosismo, acercarte a la víctima, colocar la pistola entre tu ojo y su cabeza, quedarte quieto un instante, y disparar. En

---

69 J. M. Zabarte Arregui. Semanario «Euskadi», 12-9-85.

la práctica las cosas son más complicadas. A veces te ven venir y se espantan. Tienes que seguirles como un perro, aprovechar su pánico, meterles un tiro donde sea para que dejen de correr, y rematarlos de cualquier manera para que el esfuerzo no resulte inútil. Pero aunque no te vean, hay que alcanzar cierta práctica para no distraerse con los detalles: las gotas de fijador, los remolinos del pelo que guardan el calor de la almohada, el esbozo de melena que se insinúa bajo la gorra militar, una mancha en el cuello de la camisa, la caspa en la chaqueta, el color de las orejas... Es preciso no distraerse y apretar el gatillo sin pensar en nada.

La primera vez te sorprenderá el empujón con que el balazo sacude como una maza la cabeza de tu víctima; la instantaneidad con que el cuerpo entero se desmadeja y cae como un saco; la indiferencia del cráneo cuando golpea contra el pavimento; el gusto de los cadáveres por las actitudes grotescas; las inevitables salpicaduras de la sangre; la sencillez y fugacidad con que el impalpable fenómeno de la vida desaparece misteriosamente.

Es un momento muy peligroso, porque la muerte de un hombre hipnotiza a los hombres sin experiencia de muertes. Puedes caer en la tentación de pensar en todo lo que se quiebra con aquel pelele tirado en la acera. Si lo haces, estás perdido. Primero, porque te cogerán. Segundo, porque, aunque no te cojan, serás un terrorista minusválido, inservible para la acción. No debes pensar en nada, sino en correr, correr, correr... Tu técnica ha de ser como la de la serpiente que acecha oculta, acomete con sigilo y desaparece. No caigas en la tentación del martirio. Estás en la lucha porque puedes decir como aquellos Justos de Camus:

«Nos hemos hecho cargo de la desdicha del mundo.»

Así es, pero no para sacrificar tus responsabilidades humanitarias al halago de un prurito temerario. Tu obligación es desaparecer como una gacela medrosa.

Y, por lo que más quieras, evita los enfrentamientos francos con la policía. No forman parte de tu estrategia y, además, siempre ganan ellos. Con razón dice el refrán:

«El ratón no perece, sino cuando aparece.»

Salvo en el caso de los yihadistas, que a ti no te afecta, esta es la esencia de la acción terrorista: no aparecer nunca en la escena del conflicto; permanecer invisible, que nadie te pueda señalar. Tú tampoco señalas a las posibles víctimas, para que nadie caiga en la presunción de considerarse a salvo:

«Impalpable e inmaterial, no deja rastro; misterioso como una divinidad, es inaudible. Así tiene al enemigo a su merced.» Sun-Tzu.[70]

Resumámoslo en un nuevo canon:

---

70 «El arte de la guerra».

El caso de los yihadistas es diferente, porque Dios les demanda la oferta del martirio:

> *«El miembro de la organización debe estar dispuesto a realizar el trabajo y sufrir el martirio con el fin de alcanzar el objetivo y establecer la religión de Alá en la tierra.»*[71]

Ya he dicho antes, no me acuerdo dónde, que les mueve su propio beneficio:

> *«Si es cierto que os está reservada cerca de Dios una mansión eterna, atreveos a desear la muerte.»
> Corán, II, 88.*

Parece que le dan la razón a Nietzsche cuando dice:

> *«Un hombre religioso sólo piensa en sí mismo.»*[72]

Con esto concluye cuanto quería decirte sobre este apartado. Repito: en ningún caso te detengas a contemplar el cadáver. Un terrorista necesita dormir tranquilo.

3. El silencio de los discrepantes

La violencia inteligente se rodea de multitudes silenciosas. No me refiero ahora al silencio complacido de tus beneficiarios sino al mutismo manso y resignado de tus víctimas potenciales.

---

71 «Manual de entrenamiento de Al Qaeda», 15.
72 «El anticristo».

Debes imponer un silencio modelo cartuja. Es muy importante que los ciudadanos adquieran el hábito de estar siempre mirando hacia otra parte: que no sepan, no vean, no oigan, no hablen.

El mutismo se logra, como todo, con la fuerza. Debes ser el que manda más por ser quien castiga mejor, y hacerlo de manera que no quepa ni la posibilidad de que se alce una sola voz discrepante, y si se alzare, que sea solitaria «como la voz que clama en el desierto», que en ningún lado encuentra eco.

Es muy eficaz para este objetivo el método que consiste en escoger unos cuantos ciudadanos que pertenezcan a distintos gremios (taxistas, taberneros, abogados, periodistas, etcétera) y ejecutarlos, como chivatos, o como lo que sea, pero dejando constancia de que mueren por lo que son: taxistas, taberneros, abogados, periodistas, etc. La experiencia ha demostrado que es una medida muy útil, porque consigue niveles de sigilo entre los taxistas, taberneros, abogados, periodistas, etcétera, sólo comparables a los que se perciben en un colegio de sordomudos.

No debes permitir ni la sospecha de una oposición. La forma de lograrlo es castigar con una furia salvaje, para que todos entiendan que el pretexto más leve puede desencadenar la cólera del ángel exterminador.

Este tipo de medidas genera un pavor universal. Obliga a todo el mundo –para sentirse seguro, y sólo relativamente–, a no dar ningún pretexto, a abstenerse de todo gesto por inocente que sea. De este modo se fractura irreversiblemente el cristal de la confianza entre los ciudadanos. Nadie puede fiarse de nadie. Como recordaba Hannah Arendt, la eficacia del terror depende casi enteramente del grado de atomización social.

> *«Esta atomización es mantenida e intensificada merced a la ubicuidad del informador, que puede ser literalmente omnipresente, porque no es simplemente un agente profesional a sueldo de la policía, sino potencialmente, cualquier persona con la que uno establezca contacto.»*[73]

Cualquier ponderación de esta opresiva incertidumbre se nos quedaría pequeña. Nada despoja a los hombres, tan rápida y tan desoladoramente, de todo lo que tenga que ver con dignidad personal, libertad, nobleza o valentía. Nada intoxica mejor el aire de recelos, cautelas, disimulos e indiferencia. Nada favorece más el derrumbe de toda cultura democrática. Nada convierte tan eficazmente a los ciudadanos en precavidos mercaderes del mal menor, en rebeldes sumisos que inclinan la cabeza, no en señal de tristeza, sino de resignado acatamiento. Nada los anima tanto a coger las maletas y cambiar de aires.

La vida sigue, pero de espaldas a la vida, para no ver y, sobre todo, no ser visto.

Creo que era Mao quien recomendaba que la guerrilla actúe conforme a la máxima:

> *«¡Castiga a uno y educarás a cientos!»*

---

73 Arendt, Hannah: Ibídem, *Sobre la violencia.*

4. La selección inteligente de las víctimas

De todo lo que llevamos expuesto se pueden deducir los criterios que deben inspirar la selección de tus víctimas. Antes de entrar en la breve sistematización con que cerraremos este capítulo, bueno será que atiendas algunas recomendaciones generales.

El tipo de víctima que escojas y, más aún, el tipo de ciudadano que respetes, constituirá una de tus principales señas de identidad. Como señala nuestro canon:

CANON XIX: EL QUE PERSIGUE CIERVOS NO ATIENDE A LOS CONEJOS

Servirá para definir tanto a tus enemigos como a sus cómplices potenciales; permitirá que la gente pueda reconocerte incluso antes de que tu reivindicación se produzca; ayudará a que los espectadores localicen tus coordenadas ideológicas y, en consecuencia, deduzcan desde qué presupuestos disparas.

Todo ello tiene una enorme importancia, no sólo para la publicidad, sino para dirigir a la opinión pública en la dirección que convenga. Ni qué decir tiene que en ningún caso es admisible que se identifiquen las personas ejecutadas con los objetivos. Tú no persigues ni escoges individuos. Son tus objetivos lo que determinan la elección de la víctima. Es difícil que no se pueda contar para cada caso con un amplio abanico de víctimas posibles en el que tanto dé escoger una como otra.

Se elige, entre las adecuadas, aquella que ofrezca más garantías por su accesibilidad o indefensión; nunca por razones personales y, mucho menos, por odio. Tú no necesitas odiar. Tu misión es despertar el odio en la sociedad para que aborrezca en tu nombre, pero tú no debes odiar, ni siquiera encelarte. Has de seleccionar con fría indiferencia. Lo ideal es que no conozcas a las víctimas para que puedas escogerlas con la equidad y la inocencia del niño que extrae un caramelo de su bolsa.

Criterio número 1: Son válidas todas aquellas víctimas que faciliten reacciones violentas en el aparato del Estado, a saber: las que personifiquen símbolos de la nación, provoquen la irritación del ejército, debiliten la moral de los cuerpos de seguridad, o cuestionen la capacidad del gobierno para enfrentarse a la amenaza terrorista.

En todos estos casos, lo normal es que el poder se sienta conminado a realizar gestos represivos aparatosos que le reconcilien con los grupos lesionados, o restauren su prestigio, pero que, fatalmente –mucho más si comete errores, y es difícil que los humanos no cometan errores–, incrementarán la irritación de la población que los sufra (recuerda la estrategia de Acción–Represión–Acción). Es un criterio de selección que nunca se debe olvidar, aunque sea necesario complementarlo con otros.

Criterio número 2: Son válidas todas aquellas víctimas cuyo castigo resulte ejemplar ante cualquier grupo que precise enmienda.

Como hemos indicado, conviene actuar de una manera selectiva, por profesiones: notarios, médicos, empresarios, taxistas, etcétera. Consiste, como hemos señalado, en aplicar la máxima:

> *«A ti te lo digo, Juan, para que lo entiendas, Pedro.»*

Su virtud radica en su ejemplaridad. Se ha demostrado útil, tanto en los casos de testarudos reticentes en el pago puntual de sus contribuciones, como para conseguir que callen los lenguaraces.

Este tipo de elección produce un contagio por simpatía, de suerte que la advertencia hecha a los médicos repercute en los abogados, arquitectos, agentes de bolsa y pedicuros, con lo que la sordomudez no tarda en ser universal.

Criterio número 3: Son válidas todas aquellas víctimas que provoquen el mayor impacto informativo.

Los muertos no son iguales. Si ametrallas a una madre con sus cinco hijos, puedes conseguir exactamente los mismos titulares de prensa que si haces saltar por los aires a un general de división. No más, porque la reacción de los periodistas va a ser máxima en ambos supuestos. En cambio, la opinión pública responderá de manera muy distinta en un caso o en otro. Por eso hay que seleccionar aquellas víctimas que, garantizando el máximo eco informativo, no estremezcan las sensibles cuerdas emocionales de la gente.

Estas condiciones las cumplen los altos mandos del Ejército, los banqueros, algunos políticos y, en general, cualquier persona que ocupe un cargo importante, porque esto además de facilitar la confección de los titulares de prensa, despersonaliza a la víctima y atenúa la piedad del público. No es lo mismo que se atente contra un cargo, por ejemplo, un general, que contra una persona a la que hay que señalar con nombre y apellido porque carece de otras características más llamativas.

Recuerda que no es igual, para los efectos publicitarios, volar una fábrica de tornillos que un cuartelillo de la policía, interrumpir las fiestas de un pueblo que una emisión televisiva, y no olvides que un secuestro garantiza publicidad gratuita durante un mes aunque no cobres rescate ni obtengas otras contrapartidas.

Criterio número 4: Son válidas todas las víctimas que puedan servir para satisfacer reivindicaciones populares.

No vamos a repetir ahora los razonamientos que hemos expuesto abundantemente en su momento. Recuerda que, sea cual fuere la reclamación que satisfagas, tendrás garantizada, como mínimo, la fascinación por tu eficacia, y que a la fascinación seguirá la perplejidad moral, porque tus beneficiarios no sabrán cómo resolver la contradicción en que les sitúas.

En resumen: no caigas nunca en el error de medir la sangre con otra vara que la de su estricta rentabilidad. Cualquier diana que responda a los criterios expuestos puede ser tomada en cuenta sin reparos. Ya ves que no te faltarán víctimas.

Aquí terminan nuestras breves consideraciones sobre la eficacia de la acción directa. Hora es ya de que abordemos el problema de su justificación moral.

El arma número 3: la moral

El arma número 3: la moral

Vamos a ocuparnos de tu arma tercera: la ética. Es muy importante porque, si no le prestas atención, quedará desguarnecido tu flanco más débil y te verás privado del arsenal más demoledor que puedas imaginar contra tu adversario. Si no consigues ser eficaz, no avanzarás un paso, pero si no te haces con la razón moral, no pretendas ni resistir ni vencer.

Dividiremos nuestro estudio en tres partes. En la primera examinaremos las reglas que están convencionalmente en uso y a las que habrás de acogerte para evitar ser descalificado por la sangre. Dedicaremos luego nuestra atención a los argumentos en que se basará tu defensa moral. Finalmente, atenderemos la estrategia para el ataque, es decir, la descalificación moral de tus adversarios.

I. Las reglas de juego de la moral

A tu favor cuentan algunos factores que caracterizan las actitudes que con más frecuencia toparás en tu camino. Me refiero principalmente a dos:

A. La ambigüedad moral sobre la licitud de la violencia.
B. La convicción de que violencia y progreso son inseparables.

El corolario de ambas ya se adivina: la violencia es justa y necesaria.

Este será nuestro tema de hoy: analizar someramente la confusión mental de tus congéneres sobre la violencia. Intentaremos extraer el máximo beneficio de su propia manera de ver las cosas o, como decían los marxistas, de sus contradicciones. En una palabra: vamos a exponer las circunstancias que mejor ayudarán para que tu discurso moral no sea rechazado de entrada. Comencemos por la ambigüedad.

A. La ambigüedad moral sobre la licitud de la violencia

1. La naturaleza humana

Este de la violencia es un problema que la humanidad no ha sabido resolver nunca, porque representa una contradicción casi insalvable. La brutalidad es consustancial al hombre, forma parte de él, como forma parte de la madre naturaleza. Tu especie lleva millones de años aterrada por la agresividad de los fenómenos naturales, estimulada genéticamente para disputar las hembras a dentelladas, y seleccionada evolutivamente por su capacidad para proteger la prole, frente al resto de los mamíferos depredadores, a garrotazos. Tal vez de ahí proceda la especial cabezonería del hombre para no ceder cuando se sabe poderoso, y su disposición para llevar las cosas hasta el final, es decir, hasta la coz, antes de consentir que triunfe un adversario.

Por si esto fuera poco, somos el único animal que se recrea considerando las hermosas posibilidades que se podrían abrir en su vida si determinados miembros del entorno dejaran de enturbiar su felicidad (desapareciendo), y lo fácil que resulta satisfacer este tipo de aspiraciones con un poco de voluntad.

> *«Si las miradas pudieran preñar o matar, las calles estarían llenas de mujeres encintas y cubiertas de cadáveres.»*[74]

En suma, podemos concluir que la agresividad (y su expresión, la violencia) es tan característica del hombre como la envidia. Si lo piensas bien, Jack el Destripador está mucho más cerca del hombre promedio que Sócrates. Por eso dice Hannah Arendt:

> *«Que los hombres tomen la ley en sus propias manos podrá parecer antipolítico, pero nunca antihumano.»*[75]

---

74 Valery, Paul: «Cuadernos».
75 Arendt, Hannah: Ibídem.

2. Los códigos

Frente a esta realidad, intentan alzarse reglas y códigos que permitan a los hombres dormir tranquilos aunque permanezcan juntos. En la teoría, las cosas parecen sencillas:

> *«No hagas a nadie lo que no quieras que te hagan».*
> *Tobías, 4, 15.*

Todo el mundo está de acuerdo en esta regla de hierro. Por eso decía Voltaire:

> *«Todos los pueblos afirman que hay que respetar a los padres; que el perjurio, la calumnia, el homicidio son abominables; todos sacan las mismas consecuencias del mismo principio de justicia.»*[76]

Es inevitable porque, de no ser así, no podría existir la sociedad.

En la práctica, las cosas no son tan simples. Los principios morales no suelen pasar de ser muy hermosas puertas puestas en el campo a la hora de corregir una inclinación tan testaruda como el recurso a la fuerza.

No es sencillo descender de los principios generales a los problemas prácticos, a las circunstancias concretas, al caso particular. Todo el mundo está de acuerdo en los principios: «no matarás», «no robarás», «no mentirás»... Eso no significa que nos parezcan

---

76 Voltaire: «El filósofo ignorante», XXXI, *¿Existe una moral?*

aplicables a las especiales características de nuestro caso.

3. La excepción

De hecho, no existe ningún principio que no admita excepciones. Por ejemplo, se puede matar en legítima defensa o mentir para evitar un daño.

Por aquí marcharemos. Ya se te alcanza que esta vía de la excepción es la mejor receta para acatar los principios y eludir cumplirlos.

Siempre han evitado los poderosos defender a machamartillo principios morales que no dejaran resquicio al recurso a la fuerza. Nunca han faltado subterfugios que permitieran establecer las condiciones en las que la violencia pudiera ser admitida. Este es el objetivo de toda la aburrida literatura sobre la «guerra justa», la «muerte del tirano», la historia de las «dos espadas», la licitud de los medios en relación a los fines, las evaluaciones utilitarias acerca de si el bien supera al mal en el balance de resultados... o el papel de la hoguera, la guillotina, el paredón, y las bombas de racimo en la lucha por el bien.

Por ello, el debate sobre la moralidad o inmoralidad de la violencia se ha resuelto siempre dejando a salvo los principios que la condenen, pero estableciendo las indispensables excepciones circunstanciales que la autoricen. Ya decía san Agustín:

> *«La misma autoridad divina señala algunas excepciones al precepto de que no es lícito matar al hombre, conviene a saber: aquellos que Dios manda matar.»*[77]

No es el único que lo sostiene:

> *«No matéis al prójimo, pues Alá lo ha prohibido, salvo con justo motivo.» El Corán, XVII, 35.*

En el Islam, no todas las guerras son santas. La ofensiva está prohibida; en cambio, la defensiva, aquella en que el enemigo inicia las hostilidades, cuenta con todas las bendiciones. Es obvio que se puede combatir a quien alza su espada contra un pueblo débil e indefenso que no ha cometido más crimen que declarar que Dios es su Señor.

Tampoco los discípulos de Lenin ven con los mismos ojos la violencia marxista y la violencia reaccionaria. Mao las distinguía nítidamente:

> *«Sólo son justas las guerras de liberación nacional y las guerras de liberación popular, así como las guerras emprendidas por los países socialistas para apoyar a estas dos clases de movimientos de liberación».*[78]

¿Qué han predicado los clérigos cristianos en las guerras?

---

77 «Ciudad de Dios», 1, 21.
78 Devillers, Ph: «Lo que verdaderamente dijo Mao».

«El mandamiento de amar al enemigo no tiene ningún significado en el campo de batalla. ¡Matar no es, en este caso, un pecado, sino un servicio a la patria, un deber cristiano, y hasta diría que un servicio a Dios!»[79]

Como ves, en cuanto cambia el decorado, los vicios pueden convertirse en virtudes y las virtudes en vicios. Todo puede llegar a ser tan relativo como convenga. Por eso dice el refrán:

«Si se te pierde la bolsa, pídele a Dios que no la encuentre un moralista».

Aunque reconozca que sea tuya, desparramará razones para no dártela.

Un columnista del diario «Egin», portavoz de ETA, comentaba así las disquisiciones morales sobre el atentado a Pinochet y la justificación del tiranicidio:

«Los políticos actúan demasiadas veces atendiendo exclusivamente a la conveniencia, pero la política necesita de la honorabilidad de los principios éticos. La gente, o sea, la mayoría, sólo entiende que a los Pinochetes es muy difícil hacerlos desaparecer por las buenas y se duele –irreflexivamente, eso sí– porque el atentado no consiguió su objetivo. La gente, o sea, la mayoría, lo que ha entendido, una vez más, es que es

---

79 Kraus, Karl: «Los últimos días de la humanidad», III, XV.

difícil matar al tirano, sin preguntarse si su decepción por el fallo es materia o no de confesión.»[80]

Un prestigioso catedrático recordaba, con motivo del mismo atentado, todo lo que puede ser necesario considerar en cada caso concreto:

> «La prudencia, la oportunidad, las posibilidades de éxito, el no producir males mayores de los que se pretende evitar, el agotamiento de todos los medios pacíficos, son elementos racionales que deben incluirse en la deliberación moral sobre la legitimidad de la resistencia y de la utilización de la fuerza frente al tirano y frente al Estado totalitario.»[81]

¿Te das cuenta de la inmensidad de oportunidades que se abren ante tus ojos?

A nadie le sorprenderá que tú sostengas lo mismo que todo el mundo.

4. El discurso alternativo

Algunos, para evitarse complicaciones, han pretendido eludir el discurso moral por considerarlo un subproducto de las relaciones de dominio, una especie de gas paralizante que utilizan los poderosos para que no se les incordie. Decían los de la Baader-Meinhof:

---

80 Zubillaga, A.: Diario «Egin», 16-9-86.
81 Semanario «Cambio 16», 22-9-86.

> *«Las consideraciones morales están fuera de lugar en una polémica marxista.»*[82]

Lo mismo sostenía un dirigente de Herri Batasuna, el brazo legal de ETA:

> *«La violencia no es una cuestión de moral ni de ética, sino de estrategia.»*[83]

Eso es imposible. Pamplinas. No se puede convivir sin un código, aunque sea arbitrario y despótico. Hasta los mafiosos necesitan unas normas de conducta.

> *«Existe una honradez propia del burdel que ni la vida en un convento de monjas lograría corromper.»*[84]

Si suprimes un código es para reemplazarlo por otro:

> *«El revolucionario desprecia y odia la moral social vigente en todas sus manifestaciones. Para él, es moral todo lo que contribuya al triunfo de la revolución. Inmoral y criminal es todo lo que sostenga el estado de cosas actual.»*[85]

También los de la Baader-Meinhof admitían un código alternativo implícito:

---

82 Baader-Meinhof: «El moderno Estado capitalista y la estrategia de la lucha armada».

83 Iñaki Esnaola. Diario «Egin», 12-1-86.

84 Kraus, K.: «Dichos y contradichos», II, *Moral, cristianismo*.

85 Nechayev, S.: «Catecismo revolucionario», II, 4.

> «*[Las masas]... no están, en absoluto, tan contagiadas de la moral burguesa como para ver un problema ético en el uso de la violencia como arma de los enfrentamientos sociales.*»[86]

Para el marxismo, cualquier sometimiento a la moral burguesa es una excusa para mantener la explotación. Son recetas de virtudes para mejor soportar la servidumbre.

¿Qué podemos nosotros añadir sobre todo esto cuando un exsacerdote católico, profesor de universidad, afirmaba?:

> «*La cuestión de la violencia es de índole estratégica, no religiosa. Pienso en los ayatolás islámicos a los que la prensa occidental trata de vocingleros y de bandidos sedientos de sangre, cuando en realidad se trata de hombres graves y honorables, precedidos de fama de sabios.*»[87]

5. Las circunstancias

Así es que, para casi todos y casi siempre, la moralidad de la violencia es y ha sido una cuestión de circunstancias: según cuándo, cómo, quién, contra cuál, etcétera. Tú harás lo mismo. Plantarás la tienda del debate moral, no en el terreno de los principios, que es rígido y espinoso, sino en el más confortable de la coyuntura, en el de tu ambiente; como dicen los teólogos de la liberación: en tu «contexto». Será en el

---

86 Baader-Meinhof: Ibíd.

87 Javier Arzallus, dirigente del PNV. Diario «El País», 24-11-1985. Arzallus las desmintió en cuanto se publicaron.

paisaje, y no en los principios, donde albergarás la coartada moral. Como todo el mundo.

CANON XX: ¿QUÉ INDICA LA MORAL? SEGÚN

Bastará con que fundamentes la violencia en tus circunstancias para que la opinión, como ocurre desde hace miles de años, concentre su atención en los detalles antes de atreverse a condenar rígidamente tus iniciativas. No existe peor pantano para la moral que el caso individual. Por eso es el refugio universal de todos los pecadores.

> «Todas las sociedades, desde las más primitivas hasta las más refinadas experimentan la tendencia inherentemente debilitadora de deslizarse hacia el relativismo moral.»[88]

Es relativamente sencillo mantener a la opinión publica confusa, estancada en balbuceos morales acerca de los hechos en sí, las personas que los realizan, la intención que los guía..., en una palabra, la justificación de tus métodos. Además, ten en cuenta que estas son disquisiciones muy complicadas que no llegan a nadie, porque la gente no entiende los distingos deontológicos, ni valora «el peso de la intención en la determinación de la culpa», ni conoce la diferencia entre delito jurídico e inmoralidad ni otras cosas por el estilo. La gente mira los resultados y tira por la calle de en medio: si el muerto es suyo le sobran todas las monsergas, y si es ajeno, echa mano

---

88 Johnson, Paul: «Sócrates», VII.

de la primera justificación que venga al caso: «¡Algo habrá hecho!»

Siempre podrás replicar, si fuera necesario, que nadie ha discutido a la Iglesia los métodos quirúrgicos que sostuvieron su capacidad senderista; que exigir pureza de medios es aceptar desde el principio el fracaso de la revolución; que la violencia se justifica por el alto empeño que la ilumina; que sostener lo contrario es una argucia para mantener el estado de alienación de las masas... Se trata de cohonestar tu violencia. Aprende en el diccionario:

> «*cohonestar.* (*Del lat. cohonestāre*). *Dar apariencia de justa o razonable a una acción que no lo es: El fuerte busca razones con que cohonestar sus violencias.*»

Ya lo decía Robert Musil:

> «*La moral sirve para que podamos buscar buenas justificaciones a nuestra maldad.*»[89]

¿Y qué afirmaba Kant?

> «*Por lo que atañe a la moralidad, sólo podemos decir que no hemos avanzado demasiado en esa dirección. Cuando encomiamos la virtud se debe a que no podemos negar su valor, y a que nos gustaría pasar por quienes la ostentan.*»[90]

Así, pues:

---

89 Musil, Robert: «Diarios», *Cuaderno 30.*
90 Kant, I.: «Antropología práctica», § 131.

No olvides que cuando un principio resulta conveniente se fortalece la creencia en el propio principio. La utilidad refuerza la fe. Creemos mejor lo que nos gusta y almidonamos los principios que más nos favorecen. ¿Cómo quieres que te lo explique? Exhibimos una moralidad de mercader.

B. Progreso y violencia son inseparables

Marchemos, por fin, con el progreso. El segundo elemento favorable que indicábamos al comienzo de esta materia se refería a la convicción generalizada de que violencia y progreso son inseparables.

Muchos de tus contemporáneos aceptan, con la fuerza de un dogma –es decir, con la fuerza que tienen todas las creencias que explican nuestra situación en el mundo, ofrecen un sentido a nuestras vidas, y de las que no se sabe prescindir sin angustia–, que la humanidad está en movimiento, que avanza, que se aproxima inconteniblemente hacia determinadas metas, paraísos, salvaciones... Les inquieta pensar que la vida humana pueda carecer de finalidad, destino, sentido, y les inquieta más todavía pensar que sus infortunios pudieran ser gratuitos. Por eso aceptan cualquier versión de su vida y de sus desdichas que sea comprensible y consoladora.

Este es el mito del progreso que encandila a los hombres y que constituye el dogma más sólido que pueda albergar corazón humano, el que siembra religiones y alimenta revoluciones.[91]

Es otra discusión muy vieja. Los humanos llevan más de cinco mil años dando vueltas a esta noria, se plantee desde la promesa abrahámica, la versión paulina de la misión salvífica de Dios, la redención por la raza, el progreso de la ciencia, la revolución industrial, el derrumbe del capitalismo o la conquista del califato planetario. Todo sirve para alimentar la fe y la esperanza en un hombre nuevo que nazca libre de las ataduras que nos mantienen cautivos del mal.

Es evidente que existen mejoras: basta comparar la Guerra de Troya con la Guerra del Golfo, o la Primera Guerra Mundial con la Segunda. ¿Quién no se admira ante la epopeya que va de la ignorancia a la escritura, la imprenta y el internet? ¿Sabríamos hoy prescindir de los analgésicos, el grifo con agua caliente y los concursos de la tele? Nunca antes ha permitido la técnica atender tantas necesidades ni satisfacer tantos deseos.

En términos vulgares se considera progreso el desarrollo, es decir, el simple hecho de que vivimos mejor que nuestros padres y, presumiblemente, peor que nuestros hijos, sin entrar en consideraciones sobre si mejoramos o no moral e intelectualmente, o si las mejoras de unos se hacen a expensas de las miserias de otros. A ese cambio en el «status» le denominan progreso, sin hacerse más disquisiciones. Algunos

---

91 Nisbet, Robert: «Historia de la idea de progreso». Reszler, André: «Mitos políticos modernos».

añaden el reconocimiento legal de nuevos derechos, como el aborto, o el matrimonio homosexual... Ya ves que la cosa no da mucho de sí. En general se piensa que cuantos más derechos se proclamen, más progreso se alcanza.

No estamos hablando aquí de los fundamentos de esta creencia, sean la religión, la ciencia, la civilización, el desarrollo tecnológico, el socialismo... o para ser más exactos el dolor, la pobreza, el sufrimiento, las carencias intelectuales, las servidumbres... Cada época utiliza su soporte. La actual proyecta su esperanza en el nuevo milenio (siglo XXI), en el que, sin duda, todo irá mejor merced a la exploración de los nuevos mundos (la electrónica, la robótica, la informática y la fusión nuclear) a lo que sin duda se sumarán los beneficiosos efectos del pacifismo, ecologismo, humanitarismo e igualitarismo. Todo ello permitirá combatir con eficacia los males de la especie: el hambre, la incultura, la enfermedad y, por tanto, la soberbia, la avaricia, la lujuria, la gula, la ira, la envidia y la pereza, o sea: la guerra.

Desaparecerá definitivamente el mal, es decir, las trabas que bloquean el auténtico progreso. Surgirá un hombre nuevo en un mundo mejor. Incluso el azar estará sometido a reglas.

> «*La Tierra será un paraíso, la patria de la humanidad.*»

Así dice la letra del himno de la Internacional Socialista.

Estamos, pues, ante un concepto profundamente religioso que exige raudales de fe, de esperanza y de amor universal.

Los hechos no autorizan a pensar que, pese al desarrollo técnico, se haya producido nunca ningún progreso en la especie que puebla la Tierra. Es natural porque el único progreso digno de su nombre es el individual y este, cuando se da, no tiene más alcance que la vida de cada persona. Los que lleguen después deberán procurar su propio perfeccionamiento individual... desde la casilla de salida.

> *«Nada más absurdo que el Progreso, porque el hombre siempre es igual al hombre.» Baudelaire.*[92]

Y no siempre para bien. No logramos reproducir a Sócrates. Ni siquiera nos aproximamos.

> *«Quitad por un momento el código penal y la policía de nuestra muy ensalzada civilización moderna, y veréis humanidades cuya animalidad os demostrará qué pasa con la eterna y autocomplaciente cantinela del progreso.»*[93]

No se ha inventado todavía el progreso que logre reducir la estupidez o la maldad, pero esto no lo apuntes porque a los ojos del mundo son pamplinas y en nada te benefician.

---

92 Tomado de «Maximes et pensées». André Silvaire, París, 1995.

93 Mann, Thomas: «Consideraciones de un apolítico», *De la creencia.*

Que no se haya conocido ningún progreso entre los humanos no obsta para que se discuta, incluso encarnizadamente, sobre las sendas que, mejor y más rápidamente, conducen al progreso definitivo: el paraíso terrenal.

El caso es que, con la misma facilidad con que se populariza una dieta de adelgazamiento, prende cualquier doctrina que señale la senda por la que antes se llega a la creación de un hombre bueno que no desee la mujer de su prójimo, ni codicie los bienes ajenos en un mundo en paz.

Aquí llega la violencia

Ya se entiende que, sobre semejante sembrado, crece con facilidad la idea de que, para tan alta meta, la violencia está absolutamente justificada. Parece un precio de saldo. Decía Robespierre:

> «*En comparación con un bien infinito tan próximo, ¿qué son algunas cabezas? Nada.*»[94]

No sólo justificada: indispensable, porque la gente es muy remisa. Los pueblos, en su infinita ignorancia, se niegan a reconocer fórmulas de eficacia indiscutible para alcanzar la felicidad universal. De ahí que, en ocasiones, para encaminarlos por la senda del bien, no exista mejor procedimiento que el garrotazo.

Dicen que lo decía Marx, aunque nadie sabe cuándo:

---

94 Finkielkraut, Alain: «La sabiduría del amor», IV.

«La violencia es la partera de la historia.»

Ya lo había sugerido Schiller:

«La guerra es la fuerza motora de los destinos humanos.»[95]

Con la misma naturalidad con que el hombre asocia los dolores del parto con la perpetuación de la especie, acepta la estupidez de que el progreso exige, de vez en cuando, un poco de brutalidad para que no se agarrote el motor del planeta. En una palabra, que no hay como una patada a tiempo cuando no marcha la lavadora. Es una hermosa idea, porque ha permitido que todos los profetas se confortaran con el argumento de que su violencia sería breve, saludable, y la última, puesto que alumbraría una humanidad mejor, más armoniosa, más feliz, más «progresada». Esto es lo que creen, luego esto debes sostener, porque es, precisamente, lo que más te conviene. Recordemos a Mussolini:

«Es la sangre la que da movimiento a la rueda de la historia.»[96]

Nadie ha llegado tan lejos en esta senda como el filósofo Jean Paul Sartre, para quien la violencia era, más que la partera de la historia, un bien necesario para alcanzar la libertad (de las colonias):

«Matar a un europeo es matar dos pájaros de un tiro... quedan un hombre muerto y un hombre libre [...]

---

95 Schiller, J. C. F.: «La novia de Messina».
96 Mussolini: Discurso de Parma, 13-12-1914.

Violencia indomable... es el hombre recreándose a sí mismo [...] A través de la 'loca furia' es como "los miserables de la tierra" pueden "hacerse hombres".»[97]

Quien frene el progreso, quien bloquee el acceso de la humanidad al destino feliz se erige en obstáculo, en enemigo del bien público, en chivo expiatorio. Algo que está pidiendo a gritos su eliminación.

«¿A quién le cargamos la responsabilidad de este mal concreto? ¿Qué necesitamos exterminar? Según los momentos han sido los judíos, los moriscos, la Iglesia católica, el socialismo, el capitalismo, la mecanización del pensamiento, o la desidia del desarrollo técnico, la promiscuidad racial o su segregación, el latifundio o la urbanización, el intelectualismo o la insuficiente ilustración del pueblo».[98]

Las dos versiones

Así pues, para que te comprendan con más facilidad, no dispones de mejor alternativa que ungirte con todos los óleos del credo progresista. Existen dos versiones: la terrenal y la ultramundana. Tú debes escoger con cuál prefieres alinearte.

Son «progresistas terrenales» los creyentes del progreso que lo cifran en imperativos históricos inexorables. Son «progresistas ultramundanos» los

---

97 Del prólogo a «Los Miserables de la Tierra», de Frantz Fanon, un psiquiatra martiniqués, que fue uno de los teóricos marxistas de la violencia revolucionaria en el tercer mundo.

98 Musil, R.: «El hombre sin atributos» I, 330.

creyentes del progreso que lo cifran en planes salvíficos inexorables que se cumplen en otro sitio. Ambos comparten la fe ciega en que existe un mundo mejor. Ambos sostienen que pesa más el futuro que el presente, o dicho de otro modo, que cabe sacrificar a los que están presentes para facilitar la dicha de los que habiten el futuro. Se diferencian en que los «ultramundanos» buscan la salvación individual, mientras que a los «terrenales» les preocupa la salvación colectiva y no les inquieta el sacrificio de los individuos, porque ven los derramamientos de sangre como etapas dolorosas, pero inevitables, del avance hacia la tierra de promisión.

Puesto que hay que escoger, mi consejo es que lo hagas en función del criterio mayoritario en tu «contexto». No te oculto que, de momento, parece más popular la idea del paraíso en la tierra (incluso entre los ultramundanos, que ahora sostienen la tesis del doble paraíso: uno aquí y otro allá. Incluso se imponen como condición mejorar este para ganarse el otro).

La «progresía terrenal» goza de mejor y más atractiva imagen. Es un club al que se apunta todo el mundo y en el que a todos se admite. En él se amontonan los socialistas de izquierda y derecha, los nacionalistas que pretenden reconstruir el pasado ¡en el futuro!, la prensa amarilla de todos los colores, ese «mundo de la cultura» que congrega a actores, modelos y trovadores del pop, los educadores de la infancia y la juventud, los asamblearios,... en fin: toda la crema de la sociedad.

«El progreso lo tiene todo a su favor, ante todo, las buenas plumas.»[99]

Hoy por hoy se tolera mejor la violencia si parece «progresista».

Así, pues:

CANON XXII: CÚBRETE CON LA TÚNICA DE «PROGRE»

---

99 Mann, Thomas: «Consideraciones de un apolítico», *El literato de la civilización.*

II. Tu defensa moral

Visto el empantanamiento mental de tus contemporáneos, no te será difícil endilgarles tus argumentos morales, que, como vamos a ver, serán dos: la «necesidad» de la violencia y la «defensa legítima», en cuyo detalle entramos a continuación.

A. Primer argumento: La necesidad de la violencia

Esta debe ser tu principal justificación, porque es la que mejor entenderán los ciudadanos cuando surjas espectacularmente en el escenario público. Así lo hacía ETA:

> *«La norma primera de nuestros medios ilegales es su necesidad.»*[100]

Si demuestras que el derramamiento de sangre es necesario, tienes casi todo el trabajo hecho en el terreno moral. La necesidad atenúa, cuando no justifica los delitos, porque no sabe de leyes. Es el gran argumento ante la sociedad, los jueces y la historia. Todo parece más razonable, comprensible, incluso admisible, si lo mueve la necesidad.

Para invocarla no se precisa sino denunciar una situación de injusticia que nadie quiere atender y que te obliga a emplear recursos extraordinarios para llamar la atención. He señalado dos cosas y las dos importan:

---

100 ETA, en «Euskadi», 207, 26.

1. Padeces injusticia.
2. No te oyen.

1. Sed de justicia

> *«En Euskadi hay guerra porque el pueblo vasco está oprimido, se siente oprimido, que viene a ser igual.»*[101]

No gastes mucho cerebro en esto, porque como *de gustibus et coloribus non est disputandum*, nadie podrá discutirte, sea cual fuere la situación en que te encuentres, que a ti no te gusta. Nada es tan perfecto que no admita una protesta. En último término siempre cabe alegar que tus sacrosantas aspiraciones no se pueden medir con el patrón vulgar, porque son más altas.

Si quieres alcanzar el virtuosismo, puedes declarar que no te entienden. Los nacionalistas vascos lo hacen a menudo:

> *«Es una larga historia que, para comprenderla, hay que ser de aquí, o por lo menos, haber vivido aquí.»*[102]

Es el mismo argumento que, en términos radiofónicos, emplea el brazo legal de ETA:

> *«Hay otra longitud de onda para captar la problemática de Euskadi desde Madrid.»*[103]

---

101 Ibáñez, Jesús. Diario «Egin », 6-7-86.
102 Insausti, Jesús, presidente del PNV, en radio SER, 31-12-85.
103 Idígoras, Jon, en diario «Egin», 31-12-85.

Lo importante es que denuncies tu situación como injusta y, para ello, escojas los términos que mejor escarben el complejo de culpa colectivo. Los europeos, que han sido tiránicos y rapaces, resultan muy susceptibles cuando reciben acusaciones de opresión, tiranía, colonialismo y similares. Empléalas profusamente. Aquí, como en todo, lo inteligente no es buscar apoyo en tu razón, que puede ser flaca, sino explotar los puntos blandos del adversario.

> *«Nos quitan la palabra, nos llaman miserables, nos encarcelan por cientos, por miles, nos torturan, nos suicidan, nos colocan ante controles policiales que rompen la respiración y aceleran el crecimiento de las canas. Nos hurtan la historia, impiden el pleno desarrollo de nuestro idioma, nos cuartean el territorio y, encima, nos acusan de victimismo.»*[104]

Ese es el camino. Inspírate en el profeta Jeremías:

> *«Estoy quebrantado por el quebranto de la hija de mi pueblo, estoy cubierto de luto… ¡Quién me diera que mi cabeza se hiciera agua, y mis ojos fuentes de lágrimas, para llorar día y noche las llagas de la hija de mi pueblo!»* 8, 21-23.

Resumamos lo dicho en el siguiente canon:

---

104 Salutregui, J. (exdirector del diario «Egin»): Diario «Gara», 10-9-2000.

2. No me oyen

Para que nadie alegue que lo tuyo no es manera de comportarse, añadirás que no te dejan otro camino porque no te oyen. Pese a que tus quejas son justas y razonables, no las quieren escuchar, con lo cual te obligan a escoger un sendero que por tu voluntad no escogerías, pero al que te sometes forzado por una necesidad ineludible.

> «*No hay para mí ayuda alguna. Todo socorro me ha sido negado.*» Job, 6, 13.

Recurres a la violencia porque son sordos y no entienden otro lenguaje. Como recordaba el agitador nacionalista irlandés William O'Brien:

> «*A veces, la violencia es el único camino para lograr una audiencia a la moderación.*»[105]

En palabras de ETA, que imitan a Mao y parodian a Clausewitz:

> «*Cuando la política ha agotado todos sus medios, se impone la guerra justa de liberación.*»[106]

Los hechos son tan concluyentes, y la unanimidad de los maestros tan universal, que se pueden citar «a voleo», sin temor. Por ejemplo, Bin Laden:

---

105 Citado por Arendt, Hannah: Ibídem, 178.
106 Garmendia, J. M.: Ibid. I, 1.

«Lo que América está probando hoy no es nada comparado con lo que los demás hemos probado por décadas. Durante más de 80 años, nuestra nación lo ha probado. Se ha matado a sus niños, se ha derramado su sangre, se han profanado sus lugares santos, todo contra el mandato de Dios, y nadie escucha ni responde.»[107]

En resumen: la violencia es necesaria porque, existiendo situaciones que ignoran los más elementales derechos de los ciudadanos y de los pueblos, los responsables no entienden otro lenguaje que el de las armas. Para que te hagan caso, no queda más recurso que el encarnizamiento. Te fuerzan a convertirte en el torturador de una sociedad recalcitrante.

Como aconsejaba Huey:

«Tenéis que tener algo en la mano y decir: "Escucha, se trata de ti o de mí." Y yo os garantizo que os concederá entonces la libertad. Dirá: "Este hombre está preparado para ser libre" Dije que deberíais tener algo en la mano; no quiero especificar el qué. Pero no me refiero a un plátano.»[108]

Volvamos a Mussolini:

«El derecho, si no está acompañado de la fuerza, es una vana palabra y vuestro gran Nicolás Maquiavelo

---

107 Osama Bin Laden. Video emitido por Al Jazeera TV, 7 de octubre de 2001.
108 Linares, Andrés: «Textos de la Nueva Izquierda».

ya advertía que los profetas desarmados, perecerían.»[109]

Nuestro canon lo recuerda con palabras de Jeremías (6, 10):

CANON XXIV: TIENEN OÍDOS INCIRCUNCISOS

3. Nada de palabras

Claro está que esa denuncia no se hace con palabras. La necesidad no se demuestra parloteando, sino a balazos. No quisiera que, arrebatado por el calor de tus argumentos, te dejaras arrastrar por la tentación estúpida de censurar la injusticia antes de disparar. Algunos incurren en este vicio –como queriendo advertir al poder de lo que se le viene encima–, con lo que gastan un tiempo precioso en predicar sermones que no escucha nadie más que sus propios simpatizantes, si los tienen.

No es preciso que digas nada antes de que la gente se pregunte «¿por qué?» La violencia nunca parecerá necesaria si no la ejerces. Primero dispara. Si no calientas el revólver, no podrás alegar la necesidad de aplicarlo. No es una paradoja, sino un principio fundamental para la acción terrorista, en el que nunca insistiremos bastante.

Cuando Fidel Castro y «Che» Guevara se lanzaron al monte con doce hombres, podían haber inundado el país de panfletos; podían haber escrito muchos libros,

---

109 Mussolini, B.: Discurso de Florencia.

«Pero la gente no hubiese respondido. Tuvieron que actuar: de modo que el pueblo pudiese ver y oír, y, por tanto, aprender a responder a la opresión».

Es Huey Newton, el Pantera Negra norteamericano quien habla. No tenía ninguna duda a este respecto. Por eso añadía:

«Educaremos a la gente a través de la acción. (Tenemos que emprender acciones para hacer que la gente desee nuestros folletos y libros. Porque no se sienten atraídos por todo lo que se escribe en este país; se escribe demasiado. Un exceso de libros te agota).»[110]

Recuerda lo que comentábamos sobre la siembra del terrorismo. Nadie, ni siquiera tus futuros seguidores, tomará en serio la situación que denuncies mientras no repiques a balazos. Van a medir el grado de opresión que proclames por la magnitud de tu respuesta. Hasta que perciban tu cólera, no empezarán a pensar que tienes motivos, y que debe ser verdaderamente grave la injusticia que padeces cuando, en tu desesperación, llegas al derramamiento de sangre. Algo o alguien ha creado una situación tan insoportable, que ha sido necesario combatirla con las armas. Se podrá dudar de la eficacia de la acción terrorista para lograr resultados prácticos, pero nadie duda de su utilidad para dramatizar agravios y atraer la atención pública.[111]

Escucha a ETA:

---

110 Tomado de Linares, Andrés: Ibíd.
111 Arendt, Hannah: Ibíd.

«¿Quién en Europa sabría nada de los kurdos, ni se habría enterado siquiera de su existencia, ni del incalificable genocidio de que están siendo víctimas, si no se hubieran levantado en armas? ¿Qué sabríamos de ellos si en lugar de rechazar la violencia por medio de la violencia, se hubieran contentado con lanzar una llamada al espíritu de justicia y caridad?»[112]

Y a Regis Debray:

«La destrucción de un camión de transporte de tropas o la ejecución pública de un policía torturador es una propaganda más efectiva para la población local que cien discursos. Una conducta de esta índole los convence de lo esencial: de que la revolución está en marcha; de que el enemigo ya no es invulnerable.»[113]

Así, pues, de acuerdo con los expertos, señalaremos el:

CANON XXV: TU VIOLENCIA NUNCA PARECERÁ NECESARIA SI DESCANSA

Es así de sencillo. Así lo aplica todo el que intenta sembrar el terror. Primero has de pegar los tiros o poner la bomba. Cuando la sangre caliente destroce la serenidad de tus espectadores, puedes denunciar la injusticia padecida. Entonces, y sólo entonces, admitirá la sociedad que tu padecer ha llegado a límites insufribles. Los ciudadanos que vean cómo haces pedazos a los clientes de una cafetería, tratarán

---

112 Garmendia, J. M.: Ibíd.
113 Debray, Regis: «Revolución en la revolución», citado por Lasky, M.J.: o. c., III, 4.

de buscar una explicación lógica, porque necesitan razones hasta para entender el fanatismo. Como ocurre que ellos no son capaces de matar, salvo que les empujen motivos que alteren su equilibrio mental hasta los límites de la enajenación, sólo pueden concluir que estás loco o desesperado. Nadie imagina que te has limitado a cumplir con tu deber de una manera inteligente.

Este es el momento de proceder a las denuncias. No antes. Hacer las cosas al revés significa jugar a perder, sobre todo tiempo. Especialmente, si las injusticias que combates son sutiles o difíciles de comprender fuera de tu ambiente. La importancia de esta regla crece proporcionalmente con la distancia geográfica del centro del poder enemigo y la complejidad del problema que se plantea. Por esa razón ETA y el IRA han tenido que recurrir a masacres que, en otras circunstancias, tal vez hubieran estado de más. Es la misma dificultad que padecen los terroristas palestinos, afganos o iraquíes. Han de explicar su situación en un foro europeo distante en la mente y en el espacio, lo que les obliga a poner mucho énfasis en los argumentos, muchos muertos en cada atentado y, a ser posible, muchos atentados en el mismo día. La distancia obliga a redoblar los esfuerzos. Cuando Menájem Beguín, el terrorista israelí, luego Premio Nobel de la Paz, trataba de llamar la atención de Inglaterra, no tuvo más remedio que utilizar la campana grande: la bomba en el hotel Rey David de Jerusalén, en 1946 —que puso de luto a cien familias inglesas—, rompió los cristales del Foreign Office en Londres.

A lo que íbamos: No inviertas el orden. Primero pega los tiros y luego desgañítate. El reconocimiento de la necesidad de la violencia viene de la mano de la propia violencia. Es como el pan que traen los niños bajo el brazo. Con razón ha dicho Savater:

> «El terrorismo se presenta como infalible remedio para el mal que él mismo causa.»[114]

Aquí concluye todo cuanto me parecía oportuno señalar sobre la NECESIDAD de la violencia.

> «¿Cómo puede un hombre procurarse sin violencia aunque no sea más que un pollo asado?»

B. Segundo argumento: defensa legítima

Vamos a examinar el reverso de la medalla. Hasta ahora hemos defendido la moralidad de nuestros actos. En adelante trataremos de condenar los suyos. Pregonaremos su inmoralidad. Sin renunciar a la defensa, pasaremos al ataque en un terreno en el que su debilidad es manifiesta, porque su principal enemigo no serás tú, sino la propia sociedad escandalizada.

Hemos señalado que la violencia se justifica por su necesidad; que la experiencia demuestra que sin la fuerza no es posible amparar el derecho y, en consecuencia, que el recurso a las armas te viene impuesto, como indispensable, incluso contra tu voluntad.

---

114 Savater, F.: «Contra las Patrias».

Ahora nos ocuparemos de explicar que la violencia se justifica porque es defensiva, ya que han sido ELLOS quienes han comenzado a utilizarla. Diremos que es la respuesta violenta a una agresión violenta. Demostraremos que si la razón moral estaba contigo porque tus adversarios eran sordos, más ha de estarlo tratándose de sordos agresivos.

1. ELLOS son los violentos

Lo primero que conviene proclamar es que la violencia no es un monopolio tuyo. El gobierno también es violento. No hay objeción posible. Nadie osará condenar tu violencia porque podrás contestarle serena y firmemente: *TU QUOQUE*. Tú también eres violento, tu gobierno es violento, tu religión es violenta, tu sexo es violento, tu educación es violenta, todo tu mundo es violencia.

> *«Si nuestra situación nos arrastra a la violencia, es porque toda la sociedad se manifiesta hostil y violenta para con nosotros, porque la base de la sociedad es la violencia.»* [115]

¿Entiendes lo que estamos haciendo? Por este camino dejamos la violencia a un lado; la apartamos del debate porque en eso, en la violencia, estamos empatados. Le decimos al gobierno «júzgame por otro motivo, no por el de la violencia. No estás en condiciones de juzgar a nadie». Hemos creado un común denominador.

---

115 «El llamamiento de la Sorbona». Tesis 12. Asamblea del 13 y 14 de junio de 1968. En Linares, A.: o. c.

Esta es una hermosa conquista y trae como premio que tu agresión se convierte en conflicto, es decir, en un problema bilateral, en algo que implica a dos facciones y que debe ser resuelto por ambas. El gobierno, que perseguía un delito, se convierte en uno de los participantes en la contienda; tenía el monopolio del uso legítimo de la violencia y ahora lo comparte contigo. ¿Está claro?

Conviene no ser perezoso en la selección de pruebas y, sobre todo, mezclar en un mismo saco toda clase de violencias imaginables, desde el parto hasta el servicio militar. El brazo legal de ETA ha llegado a alcanzar, sin pretenderlo, niveles de virtuosismo:

> «*ETA reacciona con violencia frente al terrorismo de Estado que está utilizando dos tipos de violencia en el País Vasco: la armada, que es la violencia de la policía, de las bandas parapoliciales, de los servicios de inteligencia del Estado, de los gobiernos civiles, y la institucional, que es la violencia en la información, en la educación, en el sistema económico y laboral. Es el terrorismo de Estado que los vascos venimos padeciendo secularmente.*»[116]

CANON XXVI: ¡TU QUOQUE! (Y TÚ TAMBIÉN)[117]

Esa es la idea. Tú no haces sino combatir el fuego con el fuego.

---

116 Jon Idígoras. Diario «El País», 27-12-85.
117 La expresión *tu quoque* está tomada de Alfred Lauch. Ver Rapoport, D.: «La moral del terrorismo».

2. Dos violencias. Defensa legítima

Todos somos violentos, sí, pero no todas las violencias son iguales.

Así lo explica ETA:

> *«Nuestra política de defendernos de la violencia del tirano ocupante por medio de la violencia, no la hemos elegido nosotros, los vascos: nos la han impuesto. No hacemos sino aplicar el justísimo derecho de la legítima defensa.»*[118]

Este es un argumento de gran impacto. Ni los cristianos imaginan que deba ofrecerse la otra mejilla. No tienes más que utilizar el mismo lenguaje: contra la violencia no cabe sino la violencia. Unos la emplean agresivamente (ellos) y otros como legítima protección (tú). Terroristas podemos ser todos, como recordaban los Baader-Meinhof:

> *«Los señores se sirven del miedo que suscitan con su terrorismo para mantener dóciles a los proletarios. ¿Qué nos obliga a descartar el que los oprimidos, a su vez, se sirvan igualmente del miedo que mediante su terror infunden a sus enemigos para liberarse, por fin, a sí mismos?»*[119]

El caso es que por este camino obligarás a todo el mundo a plantearse infecundos y prolijos considerandos sobre qué es o qué no es violencia, y

---

118 Apalategui, Jokin: «Los vascos de la autonomía a la independencia».
119 Baader-Meinhof: Ibíd.

cuya es la legitimidad de cada coerción. Dado el desconcierto moral que caracteriza al mundo contemporáneo, será fácil que encuentres ayudas impagables entre miembros de la clerecía o la intelectualidad que sean proclives al escolasticismo.

Los cuatro ejemplos siguientes nos los regalan unos clérigos vascos:

> «... un pueblo consciente al que no se le reconocen todos sus derechos fundamentales siente en la dignidad de muchos el peligro de su extinción y no va a resignarse a tal destino. Va a luchar de diversos modos para defenderse y sobrevivir.»[120]

¿Te das cuenta? Ahí está el secreto. Nadie ha conseguido explicarlo mejor. Se trata de sobrevivir. ¡Legítima defensa!

> «Esa lucha defensiva es respondida desde el poder establecido por una represión que se ejerce bajo la cobertura de la democracia constitucional.»

Queda clarísimamente establecido quién tiene razón y quién abusa; quién se defiende y quién ataca; quién es violento por naturaleza y quién por necesidad. Por eso conviene diferenciar los diversos tipos de violencia que sufre el pueblo vasco. Está, desde luego, la lucha armada de ETA, que:

---

120 Diario «Egin», 16-9-85. Esta cita y las siguientes corresponden a una «Coordinadora de Sacerdotes de Euskadi», que trataba de representar en el País Vasco el mismo inapreciable papel que la «Iglesia Popular» en América Latina. Los traemos aquí porque su defensa del argumento moral es ejemplar.

> «... comporta muertes, secuestros, impuestos revolucionarios, extorsiones y amenazas con toda la secuela de sufrimientos que nos duelen y afectan profundamente [...] Existen también las violencias políticas del Estado: culturales, legales, militares, policiales.»

No todas las violencias son iguales:

> «... unas son anteriores a otras; unas son defensivas y otras ofensivas; unas son originarias y otras derivadas; unas están apoyadas y mantenidas por todo el poder legal, jurídico e ideológico del poder establecido, otras proceden de las capas populares más marginadas y oprimidas.»

Ya ves que mezclan un poco todo: las clases marginadas con el *sursum corda*, pero conviene hacerlo así para que la confusión sea total. Lo importante es dejar claro que no todas las violencias son iguales. Es un argumento muy del gusto de algunos teólogos de la liberación. Ya lo señaló en su día Mussolini, con la elegancia oratoria y el coraje conceptual que caracterizaban sus discursos:

> «Yo he hecho casi toda mi vida la apología de la violencia... pero siempre he distinguido entre violencia y violencia.»[121]

¿Percibes el matiz? Ya no quedan hombres así, capaces de transmitir a las masas la fuerza de unas convicciones incontestables. ¡Qué delicada sutileza

---

121 Mussolini: Discurso de la Ascensión, 1927.

cuando distingue entre violencia y violencia! Esta privilegiada lucidez fue una de las características del «Duce». Ya había señalado diez años antes:

> «Hay que distinguir entre guerra y guerra, como se distingue entre delito y delito, entre sangre y sangre.»[122]

Lo que quiere decir Mussolini es, lógicamente, que no se puede hacer la misma valoración ética de todas las violencias, ni de todas las guerras ni de todas las sangres, que es lo mismo que sostienen los curas coordinados que venimos citando:

> «Creemos sinceramente que la violencia originaria es éticamente más condenable que la derivada; que la agresiva lo es más que la defensiva; que la del dominador lo es más que la del dominado. En todo caso, el juicio condenatorio de algunas violencias implicadas en un proceso de liberación exige que con mayor contundencia ética se condenen las violencias originarias.»

Es lo mismo que pensaba monseñor Setién, obispo de San Sebastián y amparo del clero irredento:

> «No todos los terrorismos son iguales.»[123]

Lo mismo que alegaba Bin Laden:

> «Hay dos tipos de terrorismo: uno bueno y otro malo. El que nosotros practicamos es el bueno.»[124]

---

122 Ídem: «Contra la neutralidad», 1914.
123 Conferencia en Palma de Mallorca, octubre de 2001.

¡Así tiene que ser tu defensa frente a las falacias del enemigo!

Quien se niegue a reconocer las evidentes –¡abismales!– diferencias entre original y derivado, agresivo y defensivo, dominador y dominado,... no demuestra sino mala fe e ignorancia. Como señalaban esos nacionalistas con sotana, la intención es lo que vale:

> *«Para ETA, su violencia es una respuesta defensiva y liberadora contra la opresión del Pueblo Vasco.»*

Que es lo mismo que dice Hamás en Palestina o Mohamed Al Zawahiri en Egipto.

Y no sólo ellos. ¿Cuántos actores y cineastas progresistas conoces que hayan condenado jamás un atentado terrorista salvo que lo ejecuten sus antagonistas ideológicos? Todo el tropel de gentes de la cultura subvencionada está formado por muy refinados expertos en husmear la calidad de cada terrorismo como quien olfatea una copa de vino.

Supongo que imaginas el grado de aturdimiento que puedes provocar en la población con estos argumentos. Después de la fascinación que el terrorismo despierta con su eficacia, la perplejidad que desencadena el *TU QUOQUE* es, sin duda, tu mejor arma propagandística. Cuanto mayor sea tu desparpajo, mejores resultados alcanzarás, porque se

---

124 Osama Bin Laden. Video emitido tras el atentado del 11S. Diario «El Correo», 12 de noviembre de 2001.

lubrifica el movimiento de muchos que están deseando darte la razón y no saben cómo hacerlo.

3. Abunda

Hay que defender, como una verdad absoluta, que el poder es siempre culpable. Pongamos algunos ejemplos para que te sitúes. Fíjate en ETA: cuando un chiquillo da una patada a un paquete-bomba destinado a un policía, ¿quién tiene la culpa?: sin duda la policía, por no retirar los paquetes a tiempo. Así lo han proclamado siempre, con gran acierto. Cuando se ven obligados a ejecutar a un capitán de Farmacia porque la televisión no ha querido hacer pública una proclama, ¿quién tiene la culpa?: el gobierno, sin la menor duda y, tras él, la sociedad entera que lo ha consentido. ¿Te haces cargo? Pues así con todo, sin ninguna clase de limitaciones.

Tras la reciente decapitación de un soldado en Londres, el clérigo Choudary dijo que el único culpable era el gobierno británico porque con su actitud estaba radicalizando a los jóvenes muslimes del Reino Unido.

Conviene hacerlo con el máximo descaro, de forma que hasta sus gestos más inocentes reciban una respuesta estrepitosa.

Que sobreabunden los pretextos:

> *«Mediante el empleo de la fuerza nos van aniquilando paulatinamente, desposeyéndonos de nuestra gran arma espiritual: la conciencia de que somos vascos y de que no podemos ser otra cosa. La*

fuerza al servicio de nuestros opresores ha desposeído a multitud de nuestros compatriotas ingenuos o inconscientes de esa elemental verdad.»[125]

¿Ves?: genocidio de las conciencias. Así tiene que ser tu mensaje. Sigue el ejemplo de Herri Batasuna:

«Nos quieren llevar a la pura eliminación como pueblo.»[126]

Comienza por arriba: genocidio, exterminio, terrorismo de Estado e intento de criminalizar las opciones democráticas. Sobreabunda en la denuncia. ¿Has visto alguna vez como chilla un cerdo cuando se le sujeta para la matanza? Ese es el modelo que debes guardar en la cabeza. Tienes que aullar. El brazo legal de ETA se inspira en el profeta Jeremías para describir cuadros desgarrados que por fuerza han de conmover la sensibilidad de cualquier ciudadano honrado:

«Las infrahumanas condiciones de los presos en las diferentes cárceles del Estado español a los que se pretende ofrecer la política de reinserción como única salida a su situación, el plegamiento de los medios de comunicación a los intereses del poder, la aniquilación física de militantes de la vanguardia armada, la política represiva concretada en torturas, tomas militares de pueblos, etcétera, junto a la política de deportaciones y extradiciones no son sino frentes de una misma ofensiva y con unos mismos objetivos.»[127]

---

125 Apalategui, J.: Ibíd.
126 Diario «Egin», 31-7-85.
127 Diario «Egin», 3-1-86.

En una palabra:

CANON XXVII: EL GOBIERNO ES EL VERDADERO CRIMINAL

Nada de inhibiciones. A la menor provocación, pon el grito en el cielo, y confía en el resultado. Obligarás a tu enemigo a situarse a la defensiva y a justificar su actuación ante un cuerpo social que le contempla sorprendido y receloso. Algunos teóricos han denominado esta técnica «transferencia de culpabilidad»,[128] lo que resulta absolutamente impropio, puesto que no se trata de traspasarles una culpa que no reconoces, sino de exhibir la culpabilidad del poder, su carencia de principios morales, su brutalidad.

Poco importa el nombre. La técnica es tan rancia como provocar incendios en la Roma imperial y culpar a los cristianos, o asesinar cristianos en Valencia y culpar a los judíos. Nada nuevo bajo el sol.

---

128 La expresión «transferencia de culpabilidad» está tomada de Tugwell, Maurice A. J., en Rapoport, D.: «La moral del terrorismo».

III. Tu estrategia de ataque a SU inmoralidad

Hemos estudiado hasta este momento las razones que sustentan la legitimidad moral de tus acciones (armadas, naturalmente). Recordemos cómo todo el arte se resume en la defensa de dos proposiciones: que son sordos y, además, agresivos, con lo que te obligan a defender con sus mismas armas el derecho, la libertad y la vida que conculcan, pisotean y exterminan. En una palabra, hemos puesto todo el énfasis en la defensa de tu legítimo derecho a golpear como única replica posible frente a sus agresiones.

Pero no nos vamos a conformar con rechazar las condenas. Debemos ir más lejos. No es suficiente que tus homicidios se amparen en la sordera o en la violencia ajena, porque, aunque es cierto que obtienes un marchamo ético, también alimentas la ley del talión y fortaleces las excusas de sus respuestas violentas. Es preciso paralizarlas. Urge destrozar sus defensas y anular su agresividad, hasta incapacitarlos para el ataque.

> *«Levantaré tus faldas y se verán tus vergüenzas.»*
> Jeremías, 13, 26.

La técnica que vamos a estudiar a continuación persigue dos objetivos: de una parte, la descalificación moral de tu adversario, la denuncia de sus perversiones y de su brutalidad; de la otra, enaltecer tu buena voluntad, tu humanitarismo y tus ansias de paz. Porque es preciso que ellos encarnen el mal y sean denostados universalmente, para que tú, que eres el bien, puedas contar con el apoyo de quienes piensen, como los carlistas, que:

> *«La podredumbre de la sociedad liberal legitima la violencia pacificadora.»*[129]

---

129 Garmendia, Vicente: «Ideología carlista».

A. Descalificación

1. Una sociedad sensible

Debo advertirte que esta técnica no es de aplicación universal. Exige un cuerpo social sensible a los mensajes humanitarios y con capacidad para imponer sus criterios al gobierno. Esto únicamente ocurre en las democracias, porque solo en ellas pueden los ciudadanos descabalgar a un ministro o desautorizar a todo un gobierno.

La importancia de la técnica deriva de su fundamento teórico, que es como sigue: un poder democrático, o que quiera parecerlo, no puede sostener en solitario la lucha contraterrorista. Necesita contar con la aquiescencia de la población. Mientras los ciudadanos apoyen a su gobierno, podrá este arbitrar cuantas medidas legales (policiacas o militares) sean necesarias para acabar contigo. En caso contrario, está perdido. Cuando los ciudadanos franceses se aburrieron de la guerra argelina cayó la IV República. El ejemplo contrario lo suministra la banda Baader-Meinhof en Alemania. Estaba tan anclada en los preceptos cavernícolas de Lenin, y tan adherida a la cartilla estratégica de Mao Tse-Tung, que no se acordó, sino demasiado tarde, de aplicar las técnicas modernas. Cuando quiso hacerlo, tropezó con una opinión pública tan identificada con su gobierno y tan sorda para las denuncias que procedieran de los activistas, que el intento resultó baldío. No te sorprenda que se ahorcaran en la celda.

Es importante refrescar estos recuerdos para que no olvides que esa historia de la soberanía popular tiene fundamento y que, en verdad, en verdad, importa más el criterio de la sociedad que el del propio gobierno. La conclusión que debemos extraer es que, si no derrotas a la sociedad, no puedes vencer al Estado. Así, pues, la estrategia que yo te recomiendo es que socaves la resistencia social hasta conseguir que sean los ciudadanos quienes paralicen al poder.

2. El buen camino

Puestas así las cosas, sólo dispones de dos posibilidades para alcanzar el triunfo:

1. Que la sociedad se rinda.
2. Que la sociedad abandone al gobierno.

Tienes que escoger la que resulte más fácil. La sociedad se rinde cuando ve la batalla perdida; cuando se convence de que el terrorismo es invencible; cuando el cansancio que provocan las muertes alimenta la voluntad de armisticio. Desgraciadamente, casi nunca ocurre esto. Por eso conviene dirigir previamente todo el esfuerzo a la segunda posibilidad: que la sociedad abandone al gobierno, le retire su apoyo, le deje solo en esta lucha o, en todo caso, sostenido por una precaria minoría intransigente.

¿Cómo se consigue? El método más eficaz es intentar que los ciudadanos consideren que la lucha contra los terroristas es injusta, bien porque las reclamaciones de estos son legítimas (caso colombiano), bien porque los métodos empleados por el gobierno son inaceptables (caso francés), bien por ambas cosas (caso español).

Sé que cuesta creerlo pero es verdad. En Madrid, tras los atentados de los trenes, los ciudadanos proclamaron a voces que el gobierno era el asesino por participar en la Guerra de Irak. Aquel atentado no unió a los ciudadanos, como en otros países. Todo lo contrario: los dividió con agresividad y determinó el resultado de las elecciones en curso. El nuevo gobierno atendió a los requerimientos de los terroristas y salió corriendo de Irak. Ya ves que se pueden obtener grandes cosechas a poco que la sociedad te ayude.

Los padres de la idea fueron los argelinos del Frente de Liberación Nacional, quienes trasladaron con éxito la polémica al seno de la sociedad francesa y consiguieron que una mayoría de ciudadanos dejara de apoyar la guerra argelina, porque (esto es lo importante) para ser efectiva tenía que recurrir a unos métodos que repugnaban a cualquier pueblo civilizado. La verdad es que la tarea resultó sencilla, porque los franceses habían torturado en Argelia sin tino. Quiero decir que existía una culpabilidad manifiesta y todo el trabajo se reducía a desatar una campaña de condena ante unos hechos que eran flagrantes. La opinión pública francesa y la Conciencia Occidental quedaron tan abochornadas por las brutalidades que se estaban cometiendo con un pueblo desvalido, que los franceses hubieron de retirarse de Argelia, con el rabo entre las piernas, tras reconocer como heroico el comportamiento del Frente de Liberación Nacional (FLN).

Lo más interesante ocurrió después. En cuanto se retiraron los franceses, el victorioso, heroico y sufriente FLN abrió la veda para la matanza de todos los musulmanes sospechosos de haber cooperado con la metrópoli. Aquí, como en los casos de Stalin o Pol Pot, es imposible saber el número exacto de ajusticiados, pero se estima que pudo alcanzar las centenas de millar. A muchos de los sacrificados se les torturó con saña, sin duda para que se enmendaran; a los veteranos del ejército se les obligó a cavar sus propias tumbas y a tragarse las condecoraciones antes de ser asesinados; otros fueron quemados vivos, o castrados, o arrastrados por camiones, o cortados en pedazos y entregada su carne a los perros. Muchos fueron sacrificados con sus familias, incluyendo niños de corta edad. La Conciencia Occidental no se perturbó. La Conciencia Occidental no tuvo ningún reparo en dejar las víctimas a merced de sus heroicos verdugos. La Conciencia Occidental no consideró la posibilidad de transferir culpa alguna al FLN. Estaba demasiado ocupada sacudiéndose el polvo. Nadie se acuerda de aquello. La independencia de Argelia ha quedado registrada (incluso en el cine) como una página heroica en la historia de la resistencia de los pueblos y de su lucha por la libertad.[130]

Ya sé que todos los días no surge un cuerpo de paracaidistas expedicionarios (Irak, Afganistán), dispuestos a cortar por lo sano, que te facilite el trabajo. Nadie pretende que te bases en hechos ciertos. El mérito radica en conseguir que la sociedad se sienta culpable porque sí. Como dice el refrán:

«*Para las cuestas arriba quiero mi burro, que las cuestas abajo yo me las subo.*»

---

130 Ver Tugwell en Rapoport: o. c.

3. Ataca su complejo de culpa

No creas que es difícil. Al contrario. Las sociedades democráticas occidentales son increíblemente vulnerables. Su código moral es un anciano náufrago que se ahoga en un mar de relativismo. El código moral de la juventud se rellena con todo lo que cabe considerar como «políticamente correcto», es decir, un magma «humanitarista» que alberga el aborto, el pacifismo, la ecología, el igualitarismo, el multiculturalismo, el asistencialismo, y, para que no falte nada, los «derechos» de los animales, de las plantas y del planeta. Quien defiende estas cosas es bueno, o sea, progresista; quien no las defiende o las ataca, es malo, es decir, fascista. Coleccionan consignas y carecen de criterios. Todo esto es bueno para tus objetivos, y debes defenderlo en toda circunstancia, porque te conviene que la sociedad permanezca agarrotada por su ignorancia, su sensiblería o sus contradicciones.

Su punto más débil es un cristianísimo complejo de culpabilidad que le hace sentirse infractora siempre, especialmente cuando se ve obligada a responder a la violencia con la violencia. Al carecer de otra alternativa –porque obligación tuya debe ser no dejarle resquicio–, su malestar será incorregible. Has de tener presente que tus espectadores, aunque no se sientan inclinados a presentar la otra mejilla, están educados para pensar que lo bueno es presentarla y lo malo responder con otra bofetada. Por si esto fuera poco, puedes añadir a tu favor que los demócratas son sensibles a la exigencia de que sus métodos y sus respuestas deben guardar concordancia con sus postulados democráticos; conservan vigente el viejo lema de «nobleza obliga» (un lastre de la tradición occidental que se remonta a la historia de un filósofo griego que no quiso responder a la coz de un burro metafórico). Si consigues que, para protegerse, tengan que ser violentos, caerán en un estado de perplejidad invencible que constituirá la preparación más adecuada para que tu discurso ético germine y fructifique.

Son sociedades más preparadas para sufrir que para castigar. Un miembro del Congreso de los Diputados, el parlamento español, muy identificado con las actitudes del «cristianismo progresista», expresaba perfectamente esta sensibilidad.

> *«Un torturado genera a su alrededor una docena de nuevos violentos. Y un "caso Zabalza" crea legiones capaces de crucificar, de linchar o de hacer cualquier atrocidad contra miembros de la policía o de la Guardia Civil. Es una reacción lógica».*

Claro que esta lógica no era válida contra los terroristas, porque enseguida distinguía:

> *«Estoy pensando en la mujer, la hija o la madre de un guardia civil asesinado por ETA. Y sé que todas esas personas tienen dentro algo más grande y más fuerte aún que su pena y su duelo: tienen una fe. Y esa fe ha de ayudarles a perdonar.»* [131]

---

131 J. M. Bandrés. Semanario «Época», 42 (diciembre), 1986.

Siempre, siempre, siempre, el mayor esfuerzo moral se le exige a la víctima.

En esta misma línea se movía el manifiesto de James Forman –apóstol de la negritud norteamericana–, cuando, en nombre de la comunidad negra, declaraba la guerra a los blancos, con los que se negaba a compartir el poder y a los que exigía que aceptaran la jefatura negra, apelando «a todos los cristianos y judíos para que practiquen la paciencia, la tolerancia, la comprensión y la no violencia» durante el periodo que pueda ser necesario –«no importa que pueda tratarse de mil años»– para conquistar el poder.[132]

A ti puede parecerte todo esto una fantasía alcohólica pero es la pura realidad. El inefable Setién, obispo de San Sebastián, llegó a decir:

> *«Al necesario perdón de la sociedad hacia quien comete atentados y actos terroristas, nunca debe*

---

132 Citado por Arendt, Hannah: o. c. Menciona también un caso opuesto: El de Bayard Rustin, líder negro de los derechos civiles, quien pedía que la Administración dejara de «capitular ante las estúpidas demandas de los estudiantes negros», por considerar que era un error que el «sentimiento de culpabilidad y el masoquismo de un grupo permitan a otro segmento de la sociedad poseer armas en nombre de la justicia». Actitudes como la de Bayard Rustin, aunque representan el ABC DEL SENTIDO COMÚN, suelen ser tachadas de extremistas, imprudentes y antidemocráticas, por lo cual, quienes las sostienen no representan ningún peligro para ti. Ni siquiera precisas combatirlas. Otros justos lo harán en tu lugar. Pon tu confianza en los editorialistas «progres».

anteponerse como primera condición la desaparición del grupo terrorista al que pertenece.»[133]

Ya ves que no exagero. Más bien me quedo corto.

4. Denuncia con gallardía

A partir de ese espontáneo complejo de culpabilidad, puedes intentar convencerles de que son cómplices de todo aquello que pueda resultar especialmente repugnante. Por ejemplo: la violación de los derechos humanos, la crueldad o la tortura. Cuando lo hayas conseguido, no les quedará más salida para lavarse las manos que descargar la culpa sobre el gobierno.

Esto no es difícil de conseguir, porque una sociedad con mala conciencia está predispuesta a dar crédito a cualquier acusación que coincida con sus temores culpables. Basta con sembrar la sombra de una duda. Los medios de comunicación, aunque no lo pretendieran, que no es el caso, harán el resto.

CANON XXVIII: MÁS MANCHA UNA GOTA DE ACEITE QUE CIEN CÁNTAROS DE AGUA

No van a faltarte ayudas. Desde la izquierda surgirán espontáneos sentenciando que el terrorismo representa la expresión de enfermedades estructurales

---

133 Baeza, Álvaro: «ETA nació en un seminario», *La capilla vasca*.

y que la obligación del gobierno es corregirlas en vez de «matar a los mensajeros».[134]

Otros citarán a Maquiavelo, Hobbes y Orwell para denunciar el monstruo estatal.

Cuando se descubrió en Italia el cadáver de Aldo Moro, que había sido secuestrado, torturado y ejecutado por las Brigadas Rojas, algunos intelectuales acusaron al gobierno de haberlo hecho desaparecer.[135]

Cuando desapareció en España el terrorista Zabalza, bastó la sombra de una duda para dejar solo al gobierno.

> *«Si Zabalza [un terrorista] al huir llega a matar dos guardias civiles, nosotros le hubiéramos echado la culpa a la Guardia Civil, y no a él.»* [136]

Sartre argüía que:

> *«Cuando los jóvenes se enfrentan a la policía, nuestra tarea [como intelectuales] es, no sólo mostrar que los policías son los violentos, sino unirnos a los jóvenes contra la violencia.»*

Dijo más:

> *«Si un intelectual no se implica en la acción directa en apoyo a los negros [Panteras negras], es culpable*

---

134 Wilkinson, Paul: «Terrorism versus Liberal Democracy», en Gutteridge, W.: «The New Terrorism».
135 Padovani, M.: Ibíd.
136 Txomin Ziluaga, dirigente de HB. Citado por Savater, F.: Diario «El País», 4-7-86.

del asesinato de los negros. Es como si apretara el gatillo de las armas que acabaron con los negros asesinados por la policía, por el sistema.»[137]

No tienes nada que temer, las cosas irán mucho mejor de lo que te figuras. Sin hacer esfuerzos te encontrarás arropado por gentes que hablan como si fueran personajes de Esquilo y que consideran mucho más importante una mácula de polvo en sus repulidas conciencias que todos los huérfanos del terrorismo juntos. Gentes dispuestas a sacrificar muchedumbres antes que consentir el menoscabo de un principio.

5. Confía y espera

A poco que las circunstancias te ayuden, lograrás inutilizar todos los esfuerzos del Gobierno para lavar una imagen tiznada por la sospecha. No necesitas mentir. Basta con que magnifiques discretamente la realidad.

Es inevitable que, en cualquier país, algún policía torture: multiplica por mil. Es inevitable que te apliquen alguna variante de legislación antiterrorista: condena la perdida de libertades democráticas; habla de represión sistemática; llámales fascistas, elabora gruesos «dossiers», apóyate en los grupos de intelectuales radicales que, entre copa y suspiro, proclaman su náusea por el sistema; moviliza asociaciones pro derechos humanos, recurre a Amnistía Internacional... Haz todo aquello que, en todo momento y en cualquier lugar, contribuya a la

---

137 Entrevista en 1971, citado por Johnson, Paul: «Intellectuals», XIII.

expansión de la duda. Descubre por doquier «puntos oscuros» que precisen aclaración. Compromete a ciudadanos insobornables para que exijan explicaciones al gobierno.

Será muy difícil distinguir entre las quejas fundamentadas y tu estrategia propagandística. Esa es tu ventaja porque, como «de donde no hay, no se puede sacar», ni el gobierno más respetuoso de los derechos humanos podrá nunca satisfacer al reclamante; así es que, ante los ojos del pueblo, quedará abrumado de culpabilidad.

Parte siempre del supuesto de que ningún gobierno tiene las manos absolutamente limpias y oblígale a defenderse. Sobre todo, aprovecha la tortura. No es que repugne a las conciencias solamente: asusta a los cuerpos. Desasosiega su existencia, tanto más cuanto más próxima se imagina. Debes presentarla como un ejercicio sádico en el que se recreen los represores, con ensañamiento, hasta extremos de bestialidad.

Nada de lo que te estoy explicando es difícil. Lo hacen incluso los manifestantes con pancarta cuando la policía repele sus ataques. Conocidas las reglas fundamentales, solo hace falta un poco de imaginación para aplicarlas a cada situación particular. Imaginación y, naturalmente, constancia. Hay que ser pertinaz como una gotera, en la seguridad de que el sistema funciona. Cuida únicamente que toda ocasión se aproveche para proclamar la culpabilidad del gobierno. Como dicen los orientales:

En resumen, para sintetizar un poco la idea: tu objetivo es sembrar la duda en la población para que inhiba al gobierno y quede bloqueada la policía. Para que lo entiendas mejor: si tú fueras un incendiario, deberías aprovechar las oportunidades que te ofrecen los regímenes democráticos para que los coches de bomberos no lleven bomberos; si los llevan, que no traigan mangueras; si las traen, que les falte el agua; y si alguien protesta, poder llamarle fascista. ¡Elemental!

Insiste infatigablemente hasta lograr que la sociedad titubee. Empuja, animosamente, para que las vacilaciones alcancen al gobierno y, sobre todo, no dejes de matar. Tendrás a tu enemigo haciendo equilibrios entre las exigencias de la sociedad para que acabe con la carnicería y la circunspección y el miramiento con que debe tratar a tus secuaces.

De una parte, la bestialidad, como indica ETA:

> «*Aquí se está masacrando a un pueblo que lucha por su liberación nacional... No hay pueblo en Europa que pueda presentar un nivel comparable de horror y de sacrificio... Nuestros presos y exiliados son la mejor demostración de lo que sucede: sacados de sus casas a culatazos, desparramados por tierras y cárceles del mundo entero, aislados de su pueblo por amarlo*

demasiado, son ellos el grito permanente contra tanta canallada.»[138]

De la otra, la sospecha:

> *«El ejercicio de las competencias públicas, especialmente el de la defensa del orden público, ha de realizarse de tal manera que ofrezca las máximas garantías de que se realiza dentro de las normas legales. Lo contrario arrastra consigo el deterioro público de esa institución, lo que nada favorece al logro de la paz.»*

Esto dijo Monseñor Setién, obispo de San Sebastián, cuando murieron tres etarras en un enfrentamiento con la Guardia Civil en una autopista del País Vasco (27-7-86). Naturalmente, se recriminó a los guardias por haber disparado en vez de morir heroicamente como es su obligación.

Como dijo el IRA tras hacer estallar la bomba en el Gran Hotel de Brighton (12 de octubre de 1984):

> *«A los terroristas les basta con tener suerte una vez. Los servicios de seguridad necesitan tener suerte siempre.»*

Así llegará el momento feliz en que el poder no pueda contestar a tus bombazos sino con moderación, prudencia, mesura y decoro. Con lo cual, cuando la sociedad le pida cuentas, tendrá que balbucear, como

---

138 J. L. Álvarez Emparanza (a) «Txillardegui»: Diario «Egin», 20-1-86.

Hipócrates al ser interrogado sobre los avances de la medicina:

> «*Vita   brevis,   ars   longa,   occasio   praeceps, experimentum periculosum, iudicium difficile.*»

Lo que –no hace falta que te lo recuerde– significa que la vida es corta, la ciencia larga, la ocasión fugaz, el experimento peligroso, el juicio difícil... En fin, que eso es lo que hay.

Si otros lo han conseguido, ¿por qué no tú?

B. Mensajero de la paz

Llegará un día en que descubras que no logras ninguno de los resultados que te propones. Tienes una causa, y justificaciones, y seguidores, y armas, y financiación, y no estás quieto... Sin embargo, no logras nada: si no fuera por la sangre, tus manos estarían vacías.

> *«Las hazañas de los que tiran bombas se quedan en anécdotas.»*[139]

Ni el gobierno cede, ni la sociedad se rinde.

Al terrorismo no lo derrota el gobierno ni la policía. Sucumbe ante su propia incapacidad para lograr que los ciudadanos desistan. Repito una vez más:

CANON XXX: SI LA SOCIEDAD NO SE RINDE, EL GOBIERNO NO PUEDE CEDER. SI EL GOBIERNO RESISTE, LOS TERRORISTAS NO PUEDEN GANAR.

No te engañes: algunos han logrado, por ejemplo, que Inglaterra abandone Palestina, que Francia se retire de Argelia, incluso que España salga corriendo de Irak, pero nada más. Lo habitual es que el poder resulte invencible y que los terroristas no logren sino mantener durante unos años su romanticismo revolucionario.

> *«Una mosca podrá picar a un hermoso corcel, pero eso no cambia nada. Una sigue siendo un insecto y el otro es un caballo en toda ley.»*[140]

---

139 Enzesberger, H. M.: «Política, y delito», *Las bellas almas del terror.*

A veces, a los gobiernos les tiemblan las rodillas. En agosto de 2013, bastó interceptar una llamada telefónica de Al Zawahiri para que Estados Unidos cerrara todas sus embajadas en países musulmanes. Esto fue como decirle al líder de Al Qaeda: «Déjate de bombas. Con un simple telefonito puedes paralizar Nueva York, San Francisco o, si tú quieres, todos los Estados Unidos, con Puerto Rico y Hawái incluidos».

Puedes distraer al gobierno, hostigarlo, cansarlo, incluso llevarlo al ridículo... pero no puedes derrotarlo.

Repito: si no logras que lo derrote la propia sociedad, no puedes hacer nada. Surgirán dudas en tu propio grupo; aparecerán las consideraciones metafísicas: «¿a dónde vamos?»; surgirán los primeros abandonos; notarás los escalofríos de la desesperanza.

Las personas que detestan la violencia no se rendirán como consecuencia de los crímenes terroristas: ni por su número, ni por su frecuencia, ni por su salvajismo. Se rendirán cuando piensen que el gobierno lo hace mal, que está en un callejón sin salida, que no se avanza, que da vueltas a la misma noria, que está en manos y a merced de los criminales, que así no se puede vivir, que el sostenimiento de los principios no vale el precio de tanta sangre... En una palabra: les invita a ceder el cansancio de la muerte y el pesimismo sobre el triunfo. Se rendirán cuando sientan y actúen como tú pretendes que sientan y actúen.

---

140 Johnson, Samuel, en Boswell, J.: «Vida de Samuel Johnson», 1754, *aetat 45*.

Tú no te rendirás como consecuencia de sus movilizaciones, de sus condenas, de los éxitos policiales, de la encarcelación en masa de tus activistas... Desistirás cuando pierdas toda esperanza de llevarte en las manos algo más que la sangre de tus víctimas.

Es urgente buscar una fórmula que mejore las posibilidades de alcanzar resultados y, al mismo tiempo, justifique la prolongación indefinida de tu existencia.

A eso vamos, a intentar que obtengas algo. Hora es ya de que coronemos nuestro esfuerzo con el asalto definitivo: la conquista de LA PAZ. Porque ese debe ser tu mensaje: LA PAZ. Tienes que mostrarte ante los ciudadanos como el principal enemigo de esa violencia que todos cultivan.

En este momento hemos de abrir un paréntesis aclaratorio: nada de lo que viene a continuación tiene valor para el terrorismo de raíz islámica. Guerra Santa y Paz son conceptos inconciliables.

La Yihad, para empezar, no entiende de apaños.

> *«Los gobiernos islámicos nunca se han establecido ni se establecerán mediante soluciones pacíficas. Lo hacen, como lo han hecho siempre, con la pluma y el arma, las palabras y las balas, la lengua y los dientes.»*

> *«Nuestra lucha contra los regímenes apóstatas no conoce debates socráticos, ni ideales platónicos, ni diplomacia aristotélica. Entiende el diálogo de las balas, los ideales del asesinato, las bombas y la*

destrucción, y la diplomacia del cañón y la ametralladora.»[141]

Ni propone ni acepta más paz que la sumisión:

> «Les decimos a los adoradores de la cruz que continuaremos nuestra Yihad y nunca nos detendremos hasta que Dios nos ayude para cortar su cuello y enarbolar la bandera del Islam, hasta gobernar en todos los pueblos y naciones. O conversión o muerte por la espada.»[142]

No podrían los islamistas hacer otra cosa aunque quisieran, porque sus decisiones responden a una interpretación libre del Corán y a la iniciativa individual de los fieles más fervorosos. Ellos piensan que responden a la doble llamada de Alá y de Mahoma:

> «Dios puede eliminar a los infieles sin el auxilio de vuestro brazo, pero os hace luchar para probaros.» Corán, XLVII, 5.

Además, la necesidad les ha exigido atomizar y dispersar a sus activistas de tal modo que no cabe ni imaginar una estrategia conjunta.[143]

> «Alá es nuestro objetivo; el profeta, nuestro líder; el Corán, nuestra ley; la Yihad, nuestro camino.»[144]

------

141 «Manual de entrenamiento de Al Qaeda», 3 y 9.
142 El llamado «Consejo Consultivo Muyahidín», en un comunicado colocado en internet (febrero de 2012).
143 Setmarian, Mustafá: «Llamada a la resistencia islámica global».

Aquí se cierra el paréntesis yihadista. Ahora vamos con el terrorismo de casa, que es el que a ti te interesa. Vamos a seguir muy de cerca el modelo español de ETA y su brazo legal Herri Batasuna.

¿Preguntas por qué una banda terrorista dispone de un brazo legal? ¡Mucho has tardado en preguntarlo! La respuesta es que los demócratas, con mucha frecuencia, cultivan conceptos retorcidos. Piensan que ayudar al enemigo da más lustre a la democracia. Cállate, porque te conviene. Déjales que actúen como un hidalgo y aprovecha las facilidades. En España los cómplices de ETA tienen periódicos y revistas, se presentan a las elecciones, ocupan cargos públicos y, naturalmente, reciben subvenciones del Estado. ¡No te puedes imaginar lo que es que el propio Estado te ayude a financiarte para mejor atacarlo!

Sigamos.

1. La importancia de la paz

Fíjate cómo lo hacía un encomiable dirigente del brazo legal de ETA:

> *«Yo estoy de acuerdo en que no hay que matar a nadie, como creo que piensan los militantes de ETA.»*[145]

¿Te das cuenta? Ahora no te lo imaginas, pero quienes están sometidos día y noche al espectáculo de la sangre, reciben estas consoladoras palabras como un suave y perfumado bálsamo, como un barrunto de

---

144 Credo de los Hermanos Musulmanes.
145 I. Esnaola. Diario «Egin», 6-8-85.

posibilidades ensoñadas, como el despertar anticipado de una pesadilla interminable. Y se preguntan: «¿Por qué no?» Y debes responder, como ese mismo sujeto:

> *«Lo que se debe hacer para no llenar este pueblo de sangre es que dejen todos de matar.»* [146]

La ventaja de hablar en estilo délfico es que anulas la capacidad crítica de tu auditorio, pero sobre todo, que logras una inestimable adhesión universal. No faltará, sin embargo, algún escéptico que pregunte: «¿Y cómo se consigue?» El mismo sujeto te facilita la respuesta:

> *«Se debe negociar; países más democráticos han negociado con organizaciones guerrilleras y han estado sentados un año, un año y medio... lo que haga falta. Y, al final, han llegado a un arreglo en el contencioso. Y este caso, ¿por qué es diferente? Creo que el problema debe arreglarse de esa forma.»* [147]

Así es que ya podemos dejar sentado el siguiente canon:

CANON XXXI: «PRO BONO PACIS» (PARA NO TURBAR LA PAZ)

¡Ése es el camino! Que tu mano aparezca siempre tendida hacia el adversario en un noble gesto de perdón y reconciliación. Ya sabemos que tu intento es derrotarlo a toda costa, pero no hay que confundir la derrota con el aniquilamiento. Tu objetivo no es eliminar al gobierno. El terrorismo, como la guerra

---

146 Ídem.
147 Ídem.

cuando se practica inteligentemente, no persigue la destrucción del enemigo, sino minar su resistencia hasta conseguir imponer las propias condiciones. De ahí tu interés en dejarle siempre una vía de salida. Lo cual significa que has de estar permanentemente dispuesto a una negociación que termine con el derramamiento de sangre.

Así hablaba el sacerdote de la guerrilla del Frente Farabundo Martí:

> «*Las diversas organizaciones que componen el FMLN-FDR, tras un profundo periodo de reflexión, llegaron al convencimiento de que había que cambiar algo sus métodos de enfrentamiento al enemigo [...] En el plano político se reclama el diálogo, la negociación del Gobierno con el FMLN. Pero, por supuesto, no cualquier tipo de negociación. El frente dice que si podemos lograr el triunfo a través del diálogo, mejor, porque de esa forma se evita un mayor coste social.*»[148]

Esto no es poesía lírica ni cultivo de imagen. Es una estrategia seria con sus pasos medidos, como estudiaremos a continuación. El modelo es el mismo en todas partes, porque procede de la suma de experiencias acumuladas, primero en Argelia, luego en Vietnam, más recientemente en Colombia y, con pequeñas variaciones, en Filipinas, España y Ecuador. Puede variar el formato según la moda del momento: en Vietnam fue una «mesa», en Irlanda y Palestina, un «proceso». Esto del proceso gusta más porque refleja

---

148 Diario «Egin», 27-1-86.

mejor las alternativas del diálogo, los turnos de palabra, en fin, el «toma y daca».

Tu mayor triunfo

Ahora presta mucha atención y no te distraigas. Aparentemente, al negociar se intercambian ofertas y concesiones: que si esta ley, que si aquellos presos, que si tales garantías... Deja a un lado todas esas banalidades. Lo que está en juego es mucho más importante. Aquí lo que menos cuenta es qué se negocia, de qué se habla, qué se cede o qué se conquista. Lo que importa es la negociación en sí, no sus contenidos. Porque, por el mero hecho de sentarse a una mesa contigo, el gobierno te garantiza un logro mayúsculo: ¡acepta una relación «de igual a igual» para lograr una paz «sin vencedores ni vencidos»!

> «No importa tanto el resultado de la negociación como el hecho de que nos sentemos a negociar.»[149]

¿Te das cuenta? ¿Dónde dan tanto a cambio de menos? En ninguna parte; tú todavía no has dado nada.

Recuérdalo bien:

CANON XXXII: NO IMPORTA EL HUEVO SINO EL FUERO

¿Entiendes que por este camino puedes obtener más del gobierno que de todos tus ajetreos con las pistolas? Y todo esto ¡antes de sentarte a negociar!,

---

149 Txomin Iturbe: Entrevista en Argelia con Jorge Argote. Diario «ABC», 6-5-87.

antes de sacar ningún papel, antes incluso de abrir la boca...

> *«Las FARC empiezan a ganar la guerra. Ya han logrado un primer acuerdo sobre el problema del campo. De ser narcoterroristas han pasado a ser abanderados de la reforma agraria y la justicia social.»*[150]

Fíjate bien: Lo primero que te concede el gobierno es una respetabilidad que equivale a su propia derrota moral.

> *«Es necesario, primero un acuerdo basado en reconocer que aquí el conflicto es político. Que se nos deje ya de hablar en términos de delincuencia común, de terrorismo y de historias, ese es un discurso manido, absolutamente reaccionario.»*[151]

Eras un pudridero pestilente y, como por ensalmo, te convierten en el respetable interlocutor del gobierno; de asesino sanguinario asciendes a protector de la paz; ayer, el peor enemigo de la sociedad, y hoy el amable gestor de su futuro. ¡Ni siquiera te has sentado todavía a negociar!

Ya no pelean razón contra sinrazón: a la mesa se aproximan dos errores que se reconocen y tratan de comprenderse. Ya no se enfrentan la justicia y el crimen. Se trata de dos justicias que dialogan, dos insatisfacciones que buscan un entendimiento.

---

150 Prensa, 26-05-13.
151 Karmelo Landa. Diario «El Mundo», 19-10-94.

Es como un milagro. Basta con poner un mantel sobre una mesa para que ya nadie sepa dónde está el bien y dónde anida el mal, quién tiene la razón o quién conviene que gane. El mundo se llena de brumas, de nieblas estratégicas y de incertidumbres morales.

Aunque no hubiera trueque, aunque no sacaras nada más en limpio, este simple paso representa una conquista que equivale a una victoria.

> *«ETA y el Estado deben negociar la verdadera estabilidad democrática de Euskadi, y ese día habremos ganado.»*[152]

¿Comprendes?

Al lado de esto, repito, el contenido concreto de la negociación, lo que tú cedas, lo que tú saques... no serán más que los flecos y las cintas que decoren tu gran trofeo: el reconocimiento de tu razón. ¿Qué más te da que la paz esté zurcida o remendada? Te basta con que te den la razón. Esa mesa que tanto te honra, garantiza tu triunfo definitivo.

> *«En el momento en que el Estado entre en diálogo con ETA sobre cuestiones políticas, admitirá compartir lo que le caracteriza como Estado: la titularidad legal de la violencia.»*[153]

---

152 Iñaki Esnaola, en un mitin de Herri Batasuna. Diario «Egin», 24-11-86.
153 Ibarra Güell, Pedro: «La evolución estratégica de ETA», VI, 1.

En verdad, en verdad te digo que, una vez que el gobierno se siente a la mesa, si no escapa corriendo, está condenado a perder.

Imagina la situación. De un lado estás tú. Tienes compromisos con tu gente, pero planteas una posición clara, unívoca y estable. Del otro lado se sienta, no sólo el gobierno, sino los partidos políticos, la prensa y la opinión pública, lo cual incluye a tu prensa y a tu opinión. Todos intervienen, todos opinan, todos contraofertan. Es imposible que, en semejante guirigay, el gobierno pueda ni siquiera conservar su dignidad.

Y no olvides, por fin, que la democracia continuamente reclama elecciones y votos. No ha nacido el gobierno que renuncie al plato de lentejas de un beneficio electoral a cambio de ofrecer un simulacro de paz eterna.

Toma nota de cómo lo ve ETA:

> *«La totalidad del proceso de negociación se debe caracterizar como modelo de lucha para llevar adelante nuestros objetivos principales. La negociación no es un objetivo o una representación de la lucha, sino un medio para ampliar más la misma. Debe ser parte de una completa estrategia para hacer moverse al enemigo.»*[154]

Vamos pues a estudiar el procedimiento.

---

[154] Documento de base para debate interno, 30-6-13. Citado por Zuloaga, J. M.: Diario «La Razón», 8-7-13.

2. El método

Recordarás que hemos hablado de lo importante de que las masas compartan tu causa («El arma número 1»). Lo que pretendemos ahora es que incluso las masas que no comparten tu causa presionen al gobierno.

La conquista de la opinión pública se planea en tres etapas sucesivas:

a. Reclamas la negociación con el apoyo de tu propia gente.

b. Incorporas al coro los grupos políticos y asociacianas ciudadanas afines.

c. Logras un eco mayoritario en el conjunto de la opinión pública que fuerce al gobierno a ceder.

a. Reclamas la negociación con el apoyo de tus colaboradores

Mi consejo es que cuides en todo momento de monopolizar la pacificación. Nada te lo impide: eres el único que puede emplear las palabras paz y negociación.

Es sencillo, porque, como el gobierno está condenado a reprimir, el reparto de papeles surge casi espontáneamente: tu gente aparecerá en la televisión predicando la concordia, mientras que la policía lo hará dando leña o exhibiendo toda su parafernalia bélica. La imagen inversa muy rara vez es noticia.

No albergues ninguna duda de que ese mensaje cala en los ciudadanos; no te preocupes sino de insistir incansablemente, como hacen los de Herri Batasuna.

«Un día vamos a conseguirla; y no es difícil: trabajar, trabajar eficazmente por la reconstrucción nacional de Euskadi, por la PAZ con mayúsculas.»[155]

Porque para ellos la violencia es una cruz y la paz una ilusión. Ya dijo Mussolini:

«Para nosotros la violencia no es un deporte, y no ha sido ni puede ser una diversión. Puede ser durísima necesidad de ciertas horas históricas, pero el sueño que llevamos en el corazón es el de una Italia pacífica.»[156]

Proclama la paz, exhorta a la paz, que sea «paz» la primera palabra que derrame tu boca. Te conviene, frente a una sociedad cansada de violencia, coincidir con los ciudadanos en la demanda de paz contra un gobierno empecinado en prolongar la guerra. Utiliza todos los ejemplos que se te ocurran. Insiste, insiste, insiste, insiste... ¡Machaconamente! Mírate en el espejo de los auxiliares de ETA:

«¿Qué salida tienen los partidos, la Banca, el Ejército... o quien sea? No hay vías intermedias para esta propuesta. Seguir reprimiendo y ahogando desde todas las perspectivas conocidas... o plantear una

---

155 Itziar Aizpurúa. Diario «Egin», 25-3-85.
156 Mussolini: «Al pueblo de Cremona», 29-7-1924.

negociación que realmente "normalice" la sociedad vasca.»[157]

Creo que hemos tratado suficientemente del método y que, con los ejemplos aducidos, no tendrás problemas para llevarlo a la práctica. Señalemos el canon:

CANON XXXIII: SI HAS DE SEGAR, MENESTER ES SEMBRAR

b. Incorporas al coro el mayor número posible de grupos afines

La segunda etapa se propone, como hemos señalado, animar a que, desde toda clase de instancias afines, se reclame una salida negociada. Se trata de una campaña publicitaria del tipo de «Yo también uso X», que congregue a personajes populares (actores, clérigos, cantantes, futbolistas, políticos, intelectuales comprometidos, pacifistas, jueces, obispos, Justicia y Paz, Amnistía Internacional, vecinos...), lo que se denomina en terminología inefable «un gran clamor popular».

> *«Negociación, negociación política para la normalización de Euskadi, es una exigencia que mayoritariamente este pueblo apoya. ETA, Herri Batasuna, Partido Nacionalista, Coordinadora de Sacerdotes de Euskadi... y numerosos estamentos y personalidades repiten machaconamente la necesidad*

---

157 Diario «Egin», 22-9-85.

de buscar salidas negociadas a una situación traumática que nadie desea perpetuar.»[158]

¡Falso! Falso de toda falsedad. ¡El gobierno desea perpetuarla! Esta es la idea: la paz es posible, pero el gobierno se opone.

«Sólo con que el gobierno español lo quisiera, la paz sería una realidad.»[159]

El gobierno rechaza la paz, porque no quiere acceder a unas reivindicaciones justas. Engaña a los ciudadanos porque, obsesionado por la victoria, NO LE IMPORTA QUE TENGAS QUE SEGUIR MATANDO. Dilo así mismo, o acúsales de cabezones, como hacen los batasunos:

«Estamos convencidos de que todavía la terquedad, orgullo... e intereses político-económicos lejanos a nuestro pueblo, mantendrán este pulso político-militar con los traumas que todos conocemos.»[160]

Para ello debes preocuparte de facilitar argumentos a todos los potenciales valedores que están deseando ayudarte pero no saben cómo hacerlo, a todos los especuladores en materia de idealismo. Desplegada tu oferta de paz, será muy fácil, para quien lo desee, atenuar el delito, comprender tu actitud y contribuir a la confusión general. Pondré algunos ejemplos tomados de España que pueden ilustrar el comportamiento de tus futuros padrinos.

---

158 Diario «Egin», 22-9-85.
159 Diario «Gara», 3-9-2000.
160 Diario «Egin», 22-9-85.

Proclama Carlos Garaicoechea, expresidente nacionalista del País Vasco:

«*La paz es posible si somos generosos para ceder algo de nuestros dogmas respectivos.*»[161]

Añade Javier Arzallus, expresidente del Partido Nacionalista Vasco:

«*Los españoles han optado por ganar la guerra. Lo que nosotros pretendemos no es ganar ninguna guerra, queremos ganar la paz.*»[162]

Contribuye monseñor Setién, obispo de San Sebastián:

«*Del enfrentamiento de dogmatismos es imposible que surja la paz...*» «*A través de la guerra y de la fuerza solo se consiguen las victorias, y una cosa es la victoria y otra muy distinta es la justicia.*»[163]

Remacha Carlos Garaicoechea:

«*Es preocupante que Madrid piense que el problema vasco consiste en acabar con ETA.*»[164]

Recuerda el señor Insausti, expresidente del PNV:

«*El problema de estos muchachos descarriados no es un problema de delitos comunes, ya que tiene su origen en una raíz profundamente política. Nosotros*

---

161 Diario «El Correo Español», 31-12-83.
162 Diario «Deia», 22-1-84.
163 Diario «Deia», 3-1-86.
164 Diario «Egin», 8-7-84.

creemos que la solución a este problema debe ser estrictamente política.»[165]

Insiste monseñor Setién:

«Es importante la insistencia en el reconocimiento de las raíces políticas del problema.»[166]

Amenaza el periódico nacionalista «Deia»:

«Aun en el hipotético caso de que la actual ETA fuera aniquilada... la frustración política de miles de vascos será un permanente caldo de cultivo para la aparición de nuevas generaciones de jóvenes violentos, mucho más radicales e incontrolados que los actuales... Si en Euskadi no triunfa la paz por la vía de la negociación política y del diálogo, guste o no, todo el Estado español sufrirá sus consecuencias.»[167]

Prometen los clérigos:

«Pediríamos a ETA que cesara en su lucha armada y continuara el desarrollo de su proyecto liberador para Euskal Herría por vías no violentas.»[168]

Tranquiliza el sujeto antes mencionado:

«Cuando el contencioso vasco se arregle, no va a hacer falta que nadie vaya a decirle a ETA que se retire. Se retirará sola.»[169]

---

165 Radio «Cadena Ser», 10-8-84.
166 «Diario 16», 9-3-85.
167 Diario «Deia», Editorial, 25-8-84.
168 Diario «Egin», 16-9-85.

Este es un cántico coral, que clama por la *reconciliación*, la *normalización*, la *pacificación;* que mezcla a las víctimas del terrorismo con los terroristas muertos y clama por el intercambio de perdones; que acusa al gobierno por ser demasiado rígido, carecer de *cintura*, desaprovechar las oportunidades... Se suma al coro, por supuesto, quien piensa que el nacionalismo es un credo que justifica, quien teme que la derrota de ETA represente la de sus propias ideas, de su propia quimera, de los sueños que la alimentaron y, en fin, todos los bienaventurados que dicen: «por intentarlo no se pierde nada».

En una palabra:

CANON XXXIV: HEBRA SOLA NO HACE CUERDA

c. Conquista de la opinión o ¡todos juntos a por ella!

Llegados a este punto, contemplarás con satisfacción que surge la gran polémica ciudadana: «¿Se debe negociar?» la cual contribuye, como es natural, al aislamiento del gobierno. Hasta quienes reclamaban tu cabeza están confusos, bendicen las virtudes del diálogo y piden que se te escuche.

La prensa suele contribuir de manera decisiva, porque sospecha en todo momento que el poder intenta negociar, aunque no lo confiese, y ningún medio de comunicación está dispuesto a perderse la noticia. Así es que, por lo que pueda ocurrir, los periodistas airean cualquier indicio de «contacto» y

---

169 Iñaki Esnaola. Diario «Egin», 6-8-85.

mantienen la polémica en el candelero a través de entrevistas con dirigentes políticos («¿cree usted que hay que negociar?»), informaciones exclusivas sobre posibles visitas a los terroristas, excitantes pesquisas en la exótica retaguardia de la organización armada, hallazgos sensacionales de treguas negociadoras cada vez que los terroristas se acatarran... en una palabra, todo lo que pueda contribuir a satisfacer la curiosidad ciudadana, el prestigio del «medio» y, en definitiva, el negocio informativo. Conviene darles facilidades, disponer de una buena oficina de prensa y que tu gente domine las técnicas de maquillaje, atrezo y «mise en scène» para que los fotógrafos se sacien. Todo contribuye, porque cuando lean periódicos y revistas, incluso las personas que más te odian aceptarán la información como veraz y pensarán que, si el gobierno intenta negociar, es porque conviene.

«¿Qué hace la BBC entrevistando a Choudary?»

Eso preguntaba la ministra británica de Interior al ver en la BBC, tras la decapitación de Londres, al piadoso clérigo catequista, proselitista, aplaudidor y propagandista del terror. ¿Qué hacía en la BBC? Se dejaba querer.

> *«Y esto es lo estremecedor de los actuales acontecimientos: que no sólo embriaguen a los idiotas de remate, sino que hayan hecho perder la razón incluso a los intelectuales.»*[170]

---

170 Kraus, K.: «La tercera noche de Walpurgis», III.

No es indispensable, pero deberías tener dispuesta una tabla de condiciones para la pacificación, cuyo contenido no importa demasiado siempre que comprenda reivindicaciones atractivas para tus correligionarios moderados. En ETA disponen de la «alternativa Kas», como explicaba un encapuchado por la televisión francesa:

> *«Hoy, en Euskadi, la paz es posible. La clave está en las manos del poder. Las reivindicaciones son conocidas: amnistía, legalización de los partidos políticos, retirada de las fuerzas de represión, mejora de las condiciones de vida de los trabajadores, y un estatuto de autonomía que comprenda Navarra con la lengua vasca oficial y el reconocimiento del derecho de autodeterminación.»*[171]

Visto así parece incluso atractivo. Cuando lo exponía Idígoras, el popular portavoz legal de ETA, provocaba el mismo hechizo que el dulce sonar de un caramillo pastoril al surgir de la espesura en un soleado atardecer de primavera:

> *«La alternativa Kas parece una bestia negra pero no lo es... Busca un marco jurídico-político distinto. Nosotros creemos que ese marco debe estar avalado por la Constitución, que puede y debe ser reformada para hacerla más progresista y que defienda la personalidad de los pueblos y su convivencia.»*

---

171 Diario «Egin», 22-3-85.

¿Quién puede resistir al hechizo? ¿Quién osa rechazar el progreso? Además, todo son ventajas. Escucha cómo canta el orfeón:

«Si se reforma la Constitución y se respeta la personalidad de los pueblos, la violencia cesaría de forma prácticamente inmediata.»[172]

«Un problema político sólo se resuelve, primero, con el reconocimiento de ese problema político y, segundo, con el diálogo.»[173]

«A problema político solución política y punto (...) ¿Acaso crees que porque ETA desaparezca conseguiremos antes la paz? ETA no es problema, es la consecuencia de ese problema. Para conseguir la paz hay que solucionar el gran problema y para eso hay que hablar, no escurrir el bulto cuando llegan los tiempos duros.»[174]

Y aquí es cuando brota en muchos demócratas un sarpullido de dudas: «¿Se debe negociar?» «¿Por qué no?» «Convendría dialogar para ver si es posible un acuerdo que tranquilice a los violentos.» «Aunque no tengan razón, si no podemos ganarles, tal vez convenga ceder algo para alcanzar la paz.» «Paguemos un precio por la paz.»

Las sociedades democráticas son muy frágiles. A ningún demócrata se le ocurrirá pedir que se construya un viaducto por métodos democráticos;

---

172 Diario «Egin», 8-7-84.
173 «Koordinaketa». Diario «Gara», 20-9-2000.
174 Etxabe, Karlos: Diario «Gara», 8-9-2000.

saben que se caería. Sin embargo, en materia de terrorismo todos se consideran expertos y con derecho a ser escuchados y a poner la mano en el timón. Antes de que te des cuenta estarán calculando qué grado de abuso les parece aceptable, soportable, rentable, presentable, admisible. Claro está que no han leído a Epicteto:

> *«No andes cambiando de idea: o aguanta los golpes hasta morir o ríndete de inmediato. No sea que aguantes muchos golpes y al final te rindas.»*[175]

Los equilibristas

A partir de este momento, muchas personas empezarán a considerar si se están haciendo las cosas bien. Alguien preguntará:

> *«¿Cuántos muertos hacen falta para convencer a este gobierno?»*

Otros pedirán cambios en el Ministerio del Interior y muchos dejarán de confiar en el Ejecutivo. Porque la buena aplicación de esta técnica conduce a que un número creciente de ciudadanos evite el compromiso con el gobierno y se transforme en espectador neutral. Algunos van más lejos y lo proclaman como principio:

> *«Ni con los terroristas ni con el Gobierno.»*

Es un automatismo social que se desencadena en todas partes: Inglaterra, Colombia, Italia, España... (especialmente entre intelectuales, jueces y religiosos)

---

175 «Disertaciones (por Arriano)», II, II, 12-13.

y que hace estragos en la respuesta social. En Italia se difundió el eslogan «Ni con el Estado ni con las Brigadas Rojas». En Colombia se ha logrado imponer la negociación al Gobierno. En España la opinión fluctúa al ritmo de las circunstancias, inclinándose prudentemente del lado que tenga más visos de alcanzar el triunfo. En las democracias, insisto, el gobierno lleva siempre las de perder, porque todos, ciudadanos y gobierno, escogen en cada momento el mal menor. Por eso debes revestir tu oferta de modo que parezca un mal menor. Caerán en la trampa. No tienen remedio.

CANON XXXV: CADA DÍA UN GRANO PON Y HARÁS UN MONTÓN

Que no falte sangre

Mientras todo esto tiene lugar, procura, como es tu obligación, que no falte sangre, y no te preocupes de más.

> *«Aceptar pláticas ya es titubear... Podemos hablar de paz, pero sólo mientras hacemos la guerra. Esta es la única forma en que la consigna de la paz pueda ser dirigida en contra del opresor en vez de en contra de la insurrección.»*[176]

Sería un empeño baldío intentar convencer al gobierno, así es que tus esfuerzos tienen que ir dirigidos, como siempre, a persuadir a los ciudadanos. Afortunadamente no es complicado, porque, si no cometes la tontería de dar tregua a tus adversarios, lo

---

176 Debray, Regis, en Lasky, M. J: o.c.

previsible es que la sociedad, antes o después, manifieste su hartazgo de sangre. Cuando el ansia de paz alcance una fuerza incontenible no será difícil que transformes tal necesidad en tu virtud.

En la mañana del 25 de octubre de 1986, ETA colocó una bomba en el techo del coche del gobernador militar de Guipúzcoa, que costó la vida al general, a su esposa y a su hijo. Por la tarde salieron sus simpatizantes en procesión reclamando paz y negociación. Por cierto: se trataba de una manifestación prohibida por el gobernador civil pero autorizada por el juez.

Tras el asesinato de un concejal de Zumárraga (Guipúzcoa, agosto del 2000), el editorial del periódico de ETA exhibía sus lamentaciones:

> «La muerte a tiros de Manuel Indiano vuelve a traer, una vez más, a primera página las consecuencias más dolorosas de este conflicto. Concejal del Partido Popular, 29 años, a punto de ser padre por primera vez... son datos que no debieran engrosar una estadística, sino animar a reflexionar sobre los terribles dramas personales y colectivos sobre los que se edifica la historia política de nuestro país en las últimas décadas. De dicha reflexión, serena y ponderada, no cabe otra conclusión que la necesidad de trabajar para acabar con este conflicto.»[177]

Siempre es bueno refrescar el recuerdo de los maestros:

---

[177] Diario «Gara»: Editorial, 30-8-2000.

> *«La dulce deidad de la paz no puede dar un paso si no la acompaña el dios de la guerra. Todo acto trascendental de pacifismo debe ser protegido y auxiliado por la fuerza.» Hitler.*[178]

En España no podemos olvidar al José Antonio que, en el primer aniversario de la fusión de Falange Española con las Jons, recordaba:

> *«Aquel acto... con el brío de todas las cosas pujantes, concluyó a tiros. Casi siempre, el empezar a tiros es la mejor manera de llegar a entenderse.»*

d. El pulso

Creo que con esto basta y sobra para tus necesidades. Hazte a la idea de que estás echando un pulso con el gobierno, que es cuestión de aguantar, y que el equilibrio se puede romper a tu favor en cualquier momento. Paciencia y constancia. ¿Por qué crees tú que se muestran tan obstinados los presos de ETA? Están convencidos de que el Gobierno se aburrirá, negociará y saldrán libres.

Es una lucha entre dos intentos por hacer desistir al contrario. El gobierno sabe que es preciso anular toda esperanza para que los terroristas desistan. Los terroristas saben que es preciso hartar de sangre a la sociedad para que ésta desista y obligue al gobierno a negociar el precio de la paz.

---

178 «Mein Kampf».

Eso sí: de entregar las armas, ni hablar. Tú deseas LA PAZ, no cualquier paz. Ya lo advertía un clérigo montaraz desde el diario de ETA:

«*No cualquier cosa es verdadera paz. Ya el profeta Jeremías puso de relieve esto advirtiendo y denunciando la falsa paz que tantas veces proclaman los hombres: "Han curado el quebranto de mi pueblo a la ligera, diciendo: ¡Paz, paz! cuando no había paz"*» (Jeremías 6,14). [...] *Condenar estas falsas y engañosas paces, que a veces propiciaban los falsos profetas de Israel, fue tarea permanente y distintiva de los verdaderos profetas.*»[179]

---

179 Diario «Egin», 7-3-86.

C. Enemigo de la violencia

Mi advertencia postrera es que no caigas en la desmesura, inaceptable hoy día, de entonar canticos públicos de alabanza a la violencia. Pudo permitírselo la generación de Adolfo Hitler, pero desde 1945 está mal visto. Considéralo un monopolio de los yihadistas. Tú estás en otra línea.

En nuestro tiempo, si exceptuamos a los integrantes más exaltados de lo que ha dado en llamarse «apoyo popular», el conjunto de la sociedad, aunque de vez en cuando reconozca la necesidad de la violencia, prefiere hacerlo mirando hacia otra parte, porque le repugna confesarlo. No es popular aplaudir ante el derramamiento de sangre. Inquieta el uso de la violencia. Si no hay más remedio, y parece no haberlo, están dispuestos a aceptar grados variables de brutalidad, pero sin alabanzas y con toda clase de justificaciones. La humanidad gasta siempre muchos más argumentos para justificar, explicar y documentar sus salvajismos que en condenarlos. Le desazona saberse salvaje y trata de parecer piadosa.

Si buscas la perfección, escucha mi consejo: condena la violencia. No debes renunciar a tu entusiasmo, desde luego, pero condena la violencia. Tienes que dejar siempre claro que te repugna la sangre. La sociedad puede aceptar la exasperación, pero aborrece a los verdugos.

Todos los terroristas detestan la violencia. Todos proclaman su anhelo por verse libres del doloroso yugo que el destino ha impuesto sobre su conciencia.

Que quede esto bien claro: No te gusta la violencia, no amas la violencia. Son las circunstancias las que te han obligado a buscar una alianza con la muerte.

> *«El terrorismo es un humanismo que tiene prisa.»*[180]

Si persigues la excelencia, no renuncies a la perla dialéctica que mejor reciben las mentalidades religiosas con espíritu apostólico y sentido de culpa: la violencia es un deber; un deber durísimo, que asumes como la cruz que el destino te ha reservado; un deber que, como «Los justos» de Camus, aceptas con generoso espíritu de servicio:

> *«Matamos para construir un mundo en el que nadie mate. Aceptamos ser criminales para que la tierra se cubra por fin de inocentes.»*

Estas palabras, con el paso del tiempo, ganan en hondura sin perder vigencia. Podría firmarlas cualquier dirigente de ETA que, contra sus deseos más íntimos y mientras se debate en titánicos esfuerzos por lograr la paz, persevera en el cumplimiento, sanguinario pero inexorable, del servicio a esta dura necesidad. Te parecerá mentira, pero el caso es que cuela. El idealismo altruista siempre ha gozado del

---

180 Finkielkraut, Alain: «Sabiduría del amor», IV.

favor popular. Por eso decía una dirigente del brazo legal de ETA:

> *«¿Creéis que si hubiera un camino más fácil, un camino menos doloroso, puede alguien pensar que no lo haríamos nuestro? ¿Quién entre nosotros es tonto o masoquista?»*[181]

Es una pena que el discurso político se degrade tanto. José Antonio expresaba las mismas ideas mucho más poéticamente:

> *«Queremos un paraíso difícil, erecto, implacable; un paraíso donde no se descanse nunca y que tenga, junto a las jambas de las puertas, ángeles con espadas.»*[182]

---

[181] Aizpurúa, Itziar: Diario «Egin», 25-3-85.
[182] Discurso en el cine Madrid de Madrid, 19-5-1935.

Colofón

Colofón

«Escribir un libro es mucho más fácil que seguir uno solo de sus consejos.»[183]

Resumamos:

De todo lo dicho hasta el momento se deduce que, si quieres alcanzar el triunfo, debes ganar la batalla de la opinión pública. Allí donde la población se vuelve decididamente en contra de una organización terrorista, las autoridades tienen pocos problemas para acabar con la amenaza rápidamente. No es difícil que ocurra, si el público descubre los verdaderos propósitos del terrorismo y los métodos que emplea para alcanzarlos. En este caso los ciudadanos dejan de responder automáticamente y frustran las intenciones de los terroristas con un daño mínimo para la sociedad.

Por eso hemos puesto el máximo interés en que domines el abecé de los instrumentos idóneos para confundir y manipular con desenvoltura a los biempensantes, a saber: abanderar una causa noble, deslumbrarles con la eficacia de la acción directa y conocer las reglas del juego moral para aplicarlas en tu defensa o esgrimirlas en el ataque. De ahí también la importancia de que conozcas el valor estratégico de la negociación y la ventaja moral que implica la defensa de la paz.

---

183 Clarasó, Noel: «El otro hombre», IV.

Con todo ello estarás en condiciones de explotar, no solo las actitudes que suscites deliberadamente –apoyo, aquiescencia y silencio–, sino también aquellas otras que surjan espontáneamente al calor de tu coraje, y que podemos considerar como «ayuda altruista». En este grupo se incluyen la postura benevolente de quien te considera un «muchacho descarriado», la de quienes aceptan tu terminología («comando, *gudari*, represión, refugiado, preso político, lucha armada, terrorismo de Estado, Estado español», etcétera), la de los «justos» («Ni con el Estado ni con las Brigadas Rojas»), y algunas más que no pormenorizaremos aquí, pero que, como hemos observado, alcanzan desde los marxistas nostálgicos del entusiasmo revolucionario hasta los teóricos de la ingeniería (o de la teología) social.

En una palabra, tienes que aprender a confundir a los demócratas hasta donde se dejen. Lo más probable es que no lo consigas nunca del todo, pero no desmayes. Sea tu anhelo permanente que pueda amanecer el día en que proclames, como el maestro:

> «*Hemos vencido a la democracia, desde la democracia, con la democracia.*»[184]

Han transcurrido casi ochenta años desde que Hitler pronunciara, cargado de razón, este discurso. Los amantes de la libertad han tenido tiempo de sobra para reflexionar, pero no temas: son inconmovibles. Su memoria histórica es tan frágil que aún discuten qué

---

184 Hitler, Adolfo: Discurso en el Sportpalast de Berlín el 30 de enero de 1941.

empaña más el brillo de la democracia: dejar cuerda larga a los liberticidas o amarrarlos en corto. Algo de esto contaba la fábula de los galgos y los podencos.

Cuando los nazis se alzaron con la democracia en Alemania, un testigo de la época, Robert Musil, anotó en su diario:

«La libertad de prensa, la libertad de conciencia, la dignidad personal, etc., todos los derechos fundamentales han sido marginados sin que nadie se haya indignado violentamente y, en términos generales, sin que la gente se haya sentido demasiado afectada. Lo aceptan como al mal tiempo. El individuo medio no se siente aludido todavía. Se podría uno sentir profundamente desilusionado, pero es más correcto extraer la conclusión de que todo lo que se ha suprimido eran cosas que no tenían demasiada importancia para la gente. Y así era.»[185]

Despidámonos ya. Este curso queda incompleto porque, aunque has conocido las reglas básicas, careces aún del saber fundamental. Ni el tiempo ni el espacio nos permiten hoy abordar el estudio de lo que debería conformar la médula de tu fuerza: la intolerancia. Nada de lo dicho vale mientras no domines las reglas que aseguren tu progreso por la senda de la intolerancia. Pero esa es una historia que se contará en otro momento y en distinto lugar. Aunque –permíteme que te lo diga– no sé si merece la pena. Sospecho que eres un iluso y no alcanzarás jamás las cumbres del fanatismo. La prueba es que te has tragado este libro hasta el final. Demasiado

---

185 Musil, R.: «Diarios», *Cuaderno 30*. Marzo de 1933.

esfuerzo para lo que tú pretendes. Un fanático no necesita leer libros: posee la verdad.

Claro que, en realidad, este era un libro para que vieran los ciegos, oyeran los sordos y hablaran los mudos. De quien no quiera ver ni oír ni hablar, podremos decir, con Ciorán:

> *«Hay almas que ni siquiera Dios podría salvar, aunque se pusiera de rodillas a rezar por ellas.»*[186]

---

186 Ciorán, Emil M.: «Silogismos de la amargura», *En las raíces del vacío.*

Bibliografía

Bibliografía

Alonso-Fernández, F.: «Psicología del terrorismo». Salvat. Barcelona, 1986.

Apalategui, Jokin: «Los vascos de la autonomía a la independencia». Txertoa. San Sebastián, 1985.

Arendt, Hannah: «Crisis de la República». Taurus. Madrid, 1984.

«Los orígenes del totalitarismo» (3 vol.). Alianza. Madrid, 1981.

Baader-Meinhof: «El moderno Estado capitalista y la estrategia de la lucha armada». Icaria. Barcelona, 1981.

Baeza L., Álvaro: «ETA nació en un seminario». ABL Press. San Sebastián, 1995.

Batista, Juan: «La antítesis de la paz». Editorial San Martín. Madrid, 1981.

Bobbio, Norberto, y Mateucci, Nicola: «Diccionario de política». Siglo XXI. Madrid, 1983.

Brinton, Crane: «Anatomía de la revolución». Fondo de Cultura Económica. México, 1985.

Burleigh, Michael: «Sangre y rabia. Historia cultural del terrorismo». Taurus, Madrid, 2008.

Clutterbuck, Richard: «Guerrilleros y terroristas». Fondo de Cultura Económica. México, 1981.

Crenshaw, Martha *et al*: «Terrorism, legitimacy and power. The consequences of political violence». Wesleyan University Press. Connecticut, 1986.

Devillers, Philippe: «Lo que verdaderamente dijo Mao». Aguilar. México, 1973.

Engels, Friedrich: «Le rôle de la violence dans l'histoire». Editions Sociales. París, 1969.

Galbraith, John Kenneth: «Anatomía del poder». Plaza-Janés. Barcelona, 1985.

García Damborenea, Ricardo: «5 aproximaciones al terrorismo vasco». Bilbao, 1985.

Garmendia, José María: «Historia de ETA». Haranburu. San Sebastián, 1983.

Garmendia, Vicente: «La ideología carlista (1868-1876) en los orígenes del nacionalismo vasco». D. F. C. San Sebastián, 1984.

Genovés, Santiago. «La violencia en el País Vasco y en sus relaciones con España». Universidad Nacional Autónoma de México. México, 1980.

Gutteridge, William: «The new terrorism». Mansell. Londres, 1986.

Hitler, Adolf: «Mi lucha». Editors. Barcelona, 1984.

Ho Chi Min: «Obras escogidas». Akal. Madrid, 1976.

Ibarra Güell, Pedro: «La evolución estratégica de ETA (1963-1987)». Kriselu. San Sebastián, 1987.

Laqueur, Walter: «Terrorismo». Biblioteca de Ciencias Políticas Espasa-Calpe. Madrid, 1980.

Lasky, Melvin J.: «Utopía y revolución». Fondo de Cultura Económica. México, 1985.

Linares, Andrés: «Textos de la Nueva Izquierda». Castellote. Madrid, 1976.

Lukes, Steven: «Power». Basil Blackwell. Oxford, 1986.

Marighella, Carlos: «Minimanual de la guerrilla urbana».
http://www.marxists.org/archive/marighella-carlos/1969/06/minimanual-urban-guerrilla/

Menéndez y Pelayo, Marcelino: «Historia de los heterodoxos españoles». Biblioteca de Autores Cristianos. Madrid, 1978.

Colectivo Miguel de Unamuno: «Escritos sobre la tolerancia». Editorial Pablo Iglesias. Madrid, 1986.

Moa, Pío: «Reflexiones sobre el terrorismo». Madrid, 1985.

Muñoz Alonso, Alejandro: «El terrorismo en España». Planeta. Barcelona, 1982.

Mussolini, Benito: «Espíritu de la Revolución Fascista». La Editorial Vizcaína. Bilbao (sin fecha).
«Habla el Duce». Editora Nacional. Bilbao, 1938.

Nisbet, Robert: «Historia de la idea de progreso». Gedisa. Barcelona, 1980.

Padovani, Marcelle: «Vivir con el terrorismo». Planeta. Barcelona, 1983.

Piñuel, José Luis: «El terrorismo en la transición española». Editorial Fundamentos. Madrid, 1986.

Preston, Paul: «Las derechas españolas en el siglo XX». Sistema. Madrid, 1986.

Primo de Rivera, José Antonio: «Obras». Delegación Nacional de la Sección Femenina del Movimiento. Madrid, 1971.

Rapoport, David C.: «La moral del terrorismo». Ariel. Barcelona, 1984.
«Fear and trembling: terrorism in three religious traditions». Am. Pol. Sc. Rev.: 78-3 (Sep. 1984), 658.

Reinares-Nestares, F. (compilador): «Terrorismo y sociedad democrática». Akal. Madrid, 1982.

Reszler, André: «Mitos políticos modernos». Fondo de Cultura Económica. México, 1981.

Rincón, Luciano: «ETA (1974-1984)». Plaza-Janés. Barcelona, 1985.

Rubenstein, Richard E.: «Alchemist of revolution». I. B. Taurus. Londres, 1987.

Sádaba, Javier, y Savater, F.: «Euskadi: pensar el conflicto». Ediciones Libertarias. Madrid, 1987.

Sartre, Jean Paul: «Escritos políticos». Alianza. Madrid, 1987.

Savater, Fernando: «Contra las patrias». Tusquets. Barcelona, 1984.

Schmid, Alex: «Political terrorism». North-Holland Publishing Company. Ámsterdam, 1984.

Schmitt, Carl: «Teoría del partisano». Instituto de Estudios Políticos. Madrid, 1966.

Villeneuve, Charles, y Peret, Jean Pierre: «Histoire secrète du terrorisme». Plon. París, 1987.

Walker, Clive: «The prevention of terrorism in British law». Manchester University Press. Manchester, 1986.

Wilkinson, Paul: «Terrorism and the liberal state». MacMillan. Londres, 1986.